30분 만에 뚝딱! 빨간우산의

# 두유제조기
# 이유식 레시피북

30분 만에 뚝딱! 빨간우산의 두유제조기 이유식 레시피북

발 행 | 2025년 5월 2일
저 자 | 채인영
펴낸이 | 한건희
펴낸곳 | 주식회사 부크크
출판사등록 | 2014.07.15.(제2014-16호)
주 소 | 서울특별시 금천구 가산디지털1로 119 SK트윈타워 A동 305호
전 화 | 1670-8316
이메일 | info@bookk.co.kr

ISBN | 979-11-419-3937-3

www.bookk.co.kr
ⓒ 채인영 2025
본 책은 저작자의 지적 재산으로서 무단 전재와 복제를 금합니다.

30분 만에 뚝딱! 빨간우산의

# 두유제조기
# 이유식 레시피북

채인영 지음

프롤로그

**큐브 만들 필요 없이 30분 만에 알아서 완성되는 정말로 쉬운 이유식**
**두유제조기로 만들면 이유식이 쉬워집니다.**

쌀도 불려야 하고, 찜기와 쵸퍼도 사서 큐브도 만들어야 하고, 육수도 내야 한다고?
이유식 만드는 날은 늦게 자는 날이 되어버리는데
정말로 쉽고 간편하게 이유식을 만들 수는 없을까?

24년생 아기 토실이를 키우는 아기엄마 빨간우산입니다. 아마 이 책을 펼쳐보신 여러분은 이유식을 앞두고 또는 진행하면서 느끼는 어려움과 두려움으로 고민하시는 분들이시겠지요. 저도 그랬습니다.

많은 준비물 없이 쉽고 간편하게 그리고 지속 가능한 이유식 만드는 방법을 찾고 있었습니다. 요리를 좋아하지만 손이 느리고 큐브 만들기, 토핑이유식을 잘해 나갈 자신이 없어서 고민하고 있던 때, 두유제조기로 이유식을 만들 수 있다는 것을 보게 되었습니다. 제가 이유식 시작을 앞둔 24년 말에 두유제조기라는 제품이 인터넷, TV, 홈쇼핑, SNS 등에서 많이 나왔어요. 두유뿐만 아니라 이유식을 만들 수 있다고 해서 당시 CJ홈쇼핑에서 두유제조기를 구매했습니다.

두유제조기로 이유식을 쉽게 만들 수 있다고 해서 구매했는데 인터넷에 찾아봐도 자세한 방법이나 이거다 하는 레시피, 후기가 없었고 막막했습니다. 두유나 호박죽 만드는 방법은 많이 나와 있지만 여러 재료가 들어가고 시기별로 입자감이 달라져야 하는 이유식에 대한 구체적인 정보는 찾기 어려웠습니다.

✓두유제조기로 이유식을 쉽게 만들 수 있다고 하는데 대체 어떻게 하는 거지?
✓고기, 채소, 쌀, 잡곡은 어떻게 얼마큼 재료 손질해서 넣어야 하고 물은 얼마큼 넣어야 하지?

그래, 내가 직접 해보자 마음을 먹었고 해보고 안 되겠으면 시판이유식을 할 생각으로 가벼운 마음으로 시작했습니다. 몇 번의 시행착오를 겪으며 감이 잡혔고 요령도 생기면서 손에 익었습니다. 그렇게 초기이유식부터 후기이유식까지 두유제조기로 완주할 수 있었습니다.

제가 해보니 참 간편하고 쉽게 만들 수 있는 방법이 맞았습니다. 제 경험이 누군가에게 도움이 되었으면 좋겠다는 마음을 담아서 육아하는 중에 틈틈이 시간을 내어 빨간우산 블로그에 친절하고 자세하게 써 내려갔습니다.

육아가 그렇듯이 이유식에도 트렌드가 있는 것 같습니다. 최근 2~3년에는 토핑이유식을 진행하는 분들이 많았다면, 최근에는 잘 안 먹는 아기를 키우시거나 또 아기가 먹는 양과 횟수가 늘어나며 죽이유식을 선호하시는 분들도 많아지고 그걸 좀 더 쉽고 간편하게 만들 수 있는 방법을 많이들 원하시고 찾는 것 같아요. 그게 저는 두유제조기라고 생각합니다.

빨간우산 블로그 포스팅의 유입경로 키워드 분석을 해보면 그런 니즈가 파악되었습니다. 두유제조기로 이유식 쉽게 만들 수 있다고 하던데 대체 어떻게 하는 거야? 이렇게 해도 되는지, 저렇게 해도 되는지 정보가 없으니 막막하다는 의견을 가장 많이 주셨어요. 아기가 토핑이유식을 잘 먹지 않아 결국 토핑 큐브를 섞어 죽처럼 주는 경우도 있을 텐데 그것보다는 두유제조기 한 통 안에서 고기와 채소가 함께 고아지고 끓여진 죽이 더 맛이 좋을 것입니다.

많은 분께서 빨간우산 블로그의 두유제조기 이유식 레시피를 보시고 도움이 많이 되었다고, 덕분에 이유식을 쉽게 만들고 있다고 해주셔서 제가 더욱 기쁜 마음입니다. 그동안 빨간우산 블로그에서는 볼 수 없었던 조회수, 좋아요가 나왔고 특히 댓글을 통해 질문도 굉장히 많이 달리기 시작했습니다. 하나하나 답변을 적다 보니 포스팅의 댓글들만 모아보아도 하나의 지식모음이 되어갔습니다. 그래서 이 책에서는 많은 분께서 댓글로 남겨주셨던 질문과 답변 내용도 담아 사소한 부분까지 도움이 될 수 있도록 하였습니다.

이 책은 빨간우산 블로그 포스팅 내용을 기반으로 책으로 풀어낸 두유제조기 이유식 스토리이자 시행착오를 겪으며 찾아낸 실전 레시피북입니다. 성공, 실패담을 통해 알게 된 노하우와 제가 토실이에게 이유식을 먹이며 했던 고민과 해결 방법도 함께 담았습니다. 빨간우산의 이유식 일기처럼 편하게 읽어주시면 공감도 되면서 유익하고 재밌게 읽으실 수 있을 거에요.

이 책이 여러분의 육아 부담이 줄어드는 데에 도움이 되기를 바랍니다.

## 이 책은 이렇게 활용하세요

1. 이 책은 두유제조기로 이유식을 만드는 과정을 담은 실전 레시피북으로 이유식에 대한 개념/이론보다는 실전/현실 레시피에 가깝습니다.
삐뽀삐뽀 119와 같은 이유식 바이블 책 1권과 함께 볼 수 있는 실전 레시피북으로 활용해 보세요.
제 추천은 바이블 책 1권 + 실전 레시피 책 1권 구성으로 이유식에 대해 알아가고 준비하는 것입니다.

2. 이 책은 실전 위주의 컴팩트한 레시피북입니다. 책이 두껍지 않기 때문에 가능하다면 1시간 정도 시간을 들여 처음부터 끝까지 읽어보시면 초기이유식부터 후기이유식까지 흐름을 파악하기에 좋을 것입니다. 이렇게 하면 나도 쉽게 만들 수 있겠다는 용기와 이유식에 대한 감이 오실 거에요.

3. 아래 QR코드를 찍어 연결되는 빨간우산 블로그 포스팅과 함께 보세요.

빨간우산 블로그

　블로그와 함께 보면

1) 완성된 죽의 모습을 영상으로 확인할 수 있어요.
2) 포스팅 댓글을 통해 많은 양육자분이 남겨주신 질문과 답변을 보면서 감을 익힐 수 있어요.
3) 두유제조기 이유식 준비물의 제품정보가 실려있어요.
4) 식단표 엑셀 파일을 다운로드받아 출력하거나 모바일로 볼 수 있어요.

## 목차

### 1장. 두유제조기로 이유식을 쉽게 만들 수 있다고요?
- 두유제조기로 이유식 만들기 (죽이유식, 토핑이유식) — 8
- 두유제조기 고르는 기준 — 13
- 두유제조기로 이유식 만들 때 알아두어야 할 유의 사항 — 15
- 두유제조기 세척 방법 — 17
- 두유제조기 이유식 시기별 먹어볼 재료 & 재료 보관 방법 — 18
- Tip | 토실이 kick 재료 — 20
- 이유식 보관 방법 & 아기에게 이유식 먹이는 방법 — 21

### 2장. 초기이유식(6개월)
- 초기이유식에서 먹어볼 재료와 식단표&스케줄 — 23
- 두유제조기 초기이유식 준비물 — 26
- 두유제조기로 만드는 초기이유식 추천 레시피 — 30
- [하루 1끼] 두유제조기로 초기이유식 3끼 만들기 — 31

### 3장. 중기이유식(7~8개월)
- 중기이유식에서 먹어볼 재료와 식단표&스케줄 — 43
- 두유제조기 중기이유식 준비물 — 48
- 두유제조기로 만드는 중기이유식 추천 레시피 — 51
- [하루 2끼] 두유제조기로 중기이유식 6끼 만들기 — 53
- Tip | 아기치즈 과자 만들기 (자기주도 간식) — 75

### 4장. 후기이유식(9~11개월)
- 후기이유식에서 먹어볼 재료와 식단표&스케줄 — 76
- 두유제조기 후기이유식 준비물 — 83
- 두유제조기로 만드는 후기이유식 추천 레시피 — 85
- [하루 3끼] 두유제조기로 후기이유식 6끼 만들기 — 86
  (전자레인지 이유식 칸막이 찜기, 오트밀포리지 활용 방법까지)
- Tip | 후기이유식 죽을 활용해 밥전, 밥머핀 만들기 (자기주도 이유식 시도해 보기) — 106

### 5장. 부록
- 토실이의 양치질 시작 이야기 — 107
- 이유식을 먹기 시작하니 응가가 달라졌어요 — 107
- 입가에 피부가 울긋불긋 올라와요 — 107
- 초기·중기·후기이유식 식단표

# 1장. 두유제조기로 이유식을 쉽게 만들 수 있다고요?

## 두유제조기로 이유식 만들기

두유제조기는 두유뿐 아니라 이유식에서도 다양하게 활용할 수 있습니다. 모든 재료를 한 번에 다 넣고 실행하면 알아서 익혀주고 갈아주고 저어주는 죽제조기의 역할을 합니다.

토핑이유식에서는 베이스죽을 만드는 데 활용할 수 있습니다. 자신에게 가장 간편한 활용법과 조합을 찾으면 이유식이 쉬워집니다.

#두유제조기 #죽이유식
저는 큐브 만들기, 토핑 이유식 준비에 대한 부담을 느꼈어요. 그리고 고기와 채소가 함께 고아지며 끓여지니 조화로운 맛이 좋을 것 같아 처음부터 한 그릇 죽이유식을 선택했어요. 그래서 두유제조기의 장점이 크게 다가왔고 초기이유식부터 후기이유식까지 두유제조기로 한 그릇 죽을 완성할 수 있었습니다. 가끔 토핑이유식 형태로 먹이고 싶을 때는 죽이유식에 시판 큐브를 토핑으로 따로 준비해서 주기도 했습니다.
죽이유식의 간편함 + 토핑이유식의 개별 맛 경험을 동시에 그리고 노동 최소화로 할 수 있는 방법이죠.

초기이유식      중기이유식      후기이유식

#두유제조기 #토핑이유식베이스죽

토핑이유식에서는 두유제조기로 다양한 형태의 베이스죽을 만들고 소고기와 새로 추가하는 재료만 큐브로 만들거나 시판 큐브를 구매해서 토핑처럼 주어도 좋습니다.

베이스죽은 쌀+오트밀, 쌀+잡곡, 쌀+잡곡+채소1~2가지 등 원하는대로 두유제조기에 재료를 넣어 한 번에 많은 양을 믹서 기능 사용해 입자감 조절하여 30분 만에 만들 수 있습니다.

#토핑이유식큐브

두유제조기로 토핑이유식에 필요한 큐브를 만드는데에도 활용할 수 있습니다. 큐브 만들기와 채수 or 육수 내기를 동시에 해결할 수 있습니다. 무를 두유제조기에 넣어 완성된 내용물을 거름망에 걸러 무 큐브와 무 우려낸 채수를 동시에 얻을 수 있습니다.

🌂 **Tip 두유제조기로 큐브 만드는 방법**

- 두유제조기에 큐브 만들고 싶은 만큼 재료 넣고 물을 최대선 가까이 많이 넣습니다.
- 건강죽 모드 실행 후 완성된 내용물을 확인하고 필요시 추가 믹서 기능 갈갈하여 입자감을 낮춰줍니다.
- 완성된 내용물을 거름망에 걸러 물을 빼주고 채수 or 육수로 활용합니다.
  ※ 입자감 높여서 만들 때는 물양을 줄이고 건강죽 모드로 실행합니다. 소고기 기준으로 소고기: 물 = 1: 1.5~2 정도의 비율로 넣으면 좀 더 입자감 있게 나옵니다.
  *소고기는 다짐육을 사용합니다. 소고기 다짐육과 물을 두유제조기에 넣고 실행하면 소고기 큐브 + 육수를 동시에 얻을 수 있습니다. 이렇게 소고기 큐브로 만들어 먹이면 소고기 정량에 맞춰 먹일 수 있다는 장점도 있습니다.

두유제조기 이유식의 장점과 단점에 대해 얘기해 볼게요.

#장점
-간편합니다
모든 재료를 두유제조기 한 통 안에 모두 넣으면 알아서 익혀주고 갈아주어 죽이 완성되니 조리 시간 동안 쉴 수 있습니다. 두유제조기 한 통 안에서 모든 조리가 완성되고 믹서 기능을 사용해 입자감까지 원하는 대로 낮출 수 있으니 설거지 거리가 적고 불 앞에 있을 필요가 없습니다. 두유제조기에 완성된 죽을 바로 이유식 용기에 소분하여 3일 이내에 먹일 것은 냉장 보관으로, 그 외에는 냉동 보관하면 됩니다.

-이유식 시기별로 분쇄된 이유식용 쌀가루를 구매하지 않아도 됩니다.
집에 있는 쌀을 불리지 않고 바로 사용하면 됩니다. 이유식 쌀가루 구매 비용도 만만치 않죠.

-재료별 큐브를 만들 필요가 없습니다.
채소를 다질 필요 없이 듬성듬성 썰어서 넣어주면 되기 때문에 재료 보관도 쉽고 큐브틀도 많이 필요하지 않습니다. 저는 두유제조기 하나로 죽이유식을 만들었기 때문에 찜기, 전동 쵸퍼를 따로 구매하지 않았습니다. 재료별 큐브 만들기도 두유제조기로 할 수는 있겠지만 한 번에 한 가지 재료만 만들 수 있어 여러 가지 재료 큐브를 만들기에는 효율성이 좋지 않을 수 있습니다. 다만, 한 가지 재료 큐브 만들기와 채소/육수 내기를 동시에 할 수 있는 방법으로 활용할 수 있습니다. 여러 재료의 큐브를 만드시려면 베이비무브와 같은 이유식 마스터기나 찜기+쵸퍼 조합으로 만드시는 것이 효율성 면에서 좋아 보입니다.

참고로 두유제조기와 이유식 마스터기를 비교하자면 역할은 같다고 볼 수 있지만 차이점이 있습니다.

두유제조기는 죽제조기로서의 역할을 할 수 있습니다. 생쌀, 생채소, 생고기 상태로 한 번에 넣으면 한 통 안에서 알아서 익혀주고 갈아주고 저어줍니다. 그래서 죽을 만들기에 간편하고 최적화되어 있죠. 이유식 외에도 어른이 사용하기에도 좋고요.

반면, 이유식 마스터기는 한 통이 아니고 찜기, 믹서가 구분되어 있습니다. 이는 장점이 될 수도 단점이 될 수도 있습니다. 단점으로는 설거지 거리가 많고 찌기 위한 내열유리가 별도로 필요할 수 있습니다. 생쌀은 안 되고 밥을 넣어야 하며 용량도 크지 않아 중후기로 갈수록 부족하게 느껴질 수 있습니다. 부피 차지를 많이 하기도 하고요. 토핑이유식에서 활용도가 좋아 보입니다.

이유식의 메인 형태를 죽이유식으로 할지 토핑이유식으로 할지 결정하면 두유제조기와 이유식마스터기 중에 고민이 좀 더 쉬워질 것입니다.

-한 그릇 죽이라 쌀, 고기, 채소가 함께 고아지며 끓여 만들어지니 구수하고 조화로운 맛이 납니다. 아기도 채소에 대한 거부감 없이 잘 먹어주며 채소의 비릿한 맛 없이 맛있는 고기채소죽이 완성됩니다.

-계량에 따라 농도 조절이 가능하고 믹서 기능으로 갈갈하여 입자감 조절도 가능합니다.

-시간이 많이 들지 않습니다.

- 재료 씻고 손질하여 계량 후 두유제조기에 넣는 시간(15분)
- ---두유제조기가 실행되는 동안 휴식(30분)---
- 완성된 죽을 확인하고 필요에 따라 믹서 기능으로 갈갈하여 입자감 조절하기(5분)
- 이유식 용기에 소분하기(5분)
- 두유제조기 세척(5분)

앞뒤로 15분씩 30분 정도 시간을 들이면 N일치 이유식을 완성할 수 있습니다.

-두유제조기는 이유식이 끝나도 어른이 사용할 수 있습니다.
아기 이유식 외에도 두유 만들기, 단호박죽 만들기, 모과차 달이기, 과일 주스 만들기 등으로 자주 사용하고 있습니다. 달임 기능으로 차망 안에 채수팩 넣고 우려서 이유식 채수를 만드는 데 활용하는 것도 가능합니다. 참고로 저는 채수, 육수를 따로 만들어 사용하지 않았습니다. 두유제조기 안에서 고기와 채소가 함께 끓여지니 충분히 맛이 좋고 아기도 잘 먹어서 생략했습니다. 맛을 더 올리고 싶거나 아기가 잘 안 먹는 경우 시도해 보아도 좋습니다. 마찬가지로 보리를 차망에 넣고 달여 아기 보리차를 만들 수도 있고 과일 넣고 아기 퓨레 만들기도 가능합니다.

#단점
-소음이 있습니다.
두유제조기 실행 중 믹서 기능이 돌아갈 때 일반 믹서기 정도의 소음이 발생합니다. 아기가 깨어있을 때 그리고 작은 방에 두고 실행하는 편입니다.

-인터넷에 자세한 레시피, 후기를 찾기 어렵습니다.
두유제조기로 이유식을 만든다는 것이 얼마 되지 않았습니다. 그래서 직접 해보면서 적절한 농도, 입자감을 찾기까지 계량과 여러 테스트를 해보며 감을 찾아야 합니다. 제가 먼저 시행착오를 겪고 블로그와 책을 통해 공유해 드리는 내용을 참고하시면 도움이 많이 될 것입니다. 제가 이 책을 쓰게 된 이유이기도 합니다.

-예쁘지 않습니다.
이는 두유제조기보다는 죽이유식의 단점이라고 볼 수 있습니다. 토핑이유식의 예쁨과 화려함이 없습니다.

-각 재료별 맛을 알기 어렵습니다.
이 또한 죽이유식의 단점일 텐데 제 경우에는 만드는 엄마아빠가 간편해야 지속할 수 있다는 생각이 컸습니다. 또한, 초기이유식 재료별 맛과 알러지 테스트가 지나고 먹는 횟수와 양이 늘어나는 중기, 후기이유식에 들어서는 죽 형태로 먹이는 경우가 많다고 하여 처음부터 간편한 죽이유식으로 진행했습니다.

-세척에 어려움을 느낄 수 있습니다.
스탠 소재의 두유제조기는 바닥에 늘러붙음이 어느 정도 생길 수밖에 없습니다. 제가 시행착오를 겪으며 찾게 된 늘러붙음 줄이는 팁과 두유제조기 세척에 효과적인 아이템을 활용하시면 세척에 대한 어려움을 크게 줄일 수 있습니다. 두유제조기에 있는 고온세척 기능을 사용해도 좋지만 결국엔 직접 닦아서 마무리해야 합니다. 경험상 고온세척 기능은 고온소독 정도로 사용하게 됩니다. 유리 소재의 두유제조기는 세척에 큰 어려움이 없을 것이니 개인 선호에 따라 두유제조기를 선택하시면 됩니다.

# 두유제조기 고르는 기준

시중에 두유제조기 제품이 많이 나와 있습니다. 가격, 디자인, 기능, 용량, 무게, 소재까지 모두 다르기 때문에 어떤 두유제조기를 선택해야 할지 머리가 아픕니다. 빨간우산 블로그 포스팅 댓글에도 많이 질문해 주셨던 내용입니다.

이유식을 만들기 위한 두유제조기는 기능과 소재 2가지를 보고 선택하시면 좋습니다.

-기능
1. 섬세한 입자감 조절을 위해 믹서 기능이 있을 것
2. 고운죽-이유식-건강죽 모드처럼 여러 입자 크기로 만들어지는 죽모드가 구분되어 있을 것
"죽/스프" 처럼 한 가지 모드만 있는 두유제조기도 있을 텐데 이런 경우 입자감 없이 다 갈아버릴 수 있습니다.

-소재
두유제조기 소재는 유리 vs. 스탠 비교해서 개인 선호에 맞게 선택하시면 좋습니다.

스탠 소재는 유리 소재에 비해 가볍고 막 다루어도 되지만 가열 과정에서 어느 정도 늘러붙음은 있을 수밖에 없다는 단점이 있어요. 닦기 어려울 정도는 아니고 제품별로 보통 전용세척솔이 있습니다. 힘을 주어서 닦거나 뒤에서 소개할 두유제조기 세척 필수 아이템인 스탠링 수세미를 사용해 세척하면 크게 힘들지 않게 할 수 있습니다.

반면, 유리 소재는 스탠 소재에 비해 무겁고 좀 더 조심히 다뤄야 하지만 투명하니 만들어지는 과정을 눈으로 볼 수 있고 늘러붙어 세척에 어려움을 느끼는 경우는 없을 것입니다.

장단점 비교하여 개인 선호에 따라 선택하시고 레시피 참고하셔서 이유식을 만들면 됩니다.

스탠 소재 두유제조기

유리 소재 두유제조기

참고로, 제가 구매한 두유제조기는 스탠 소재이고 모터 분리형 제품으로 본체와 용기가 분리되어 가벼운 무게로 사용 및 세척이 편리합니다. 가벼워 한 손으로 들고 세척하거나 소분하기에 편합니다. 저는 스탠 소재를 선호했으며 손목이 약해 무게가 가볍다는 점을 중요하게 보았습니다.

출처: 마이아 마이쿠커 제품 홈페이지

마이아 브랜드의 마이쿠커라는 두유제조기이고 상하 분리형으로 모터가 있는 본체는 작은방 책상 위에 항상 두고 용기만 주방에 두며 사용하고 있습니다. 내부는 위생적인 304 스탠 소재로 되어 있고 고운죽(초기), 이유식(중기), 건강죽(후기) 모드로 이유식 시기별 죽의 입자감이 구분되어 있습니다.

연마제 제거된 후 출고되어 안심하고 사용할 수 있으며, 고온세척 기능 그리고 순간 기억 장치 시스템이 있어 이유식 만들 때 편리할 것 같아 선택했습니다. 작동 중에 뚜껑을 열면 작동이 멈추고 30초 안에 다시 장착하면 이전 조리 과정이 이어서 작동합니다. 이 점은 죽이 완성된 후 입자감을 낮추기 위해 믹서 기능으로 몇 초씩 끊어가며 갈갈하고 죽의 상태를 확인할 때 편리했습니다.

## 두유제조기로 이유식 만들 때 알아두어야 할 유의 사항

두유제조기로 이유식을 만들 때 유의할 점입니다.
제가 사용하고 있는 두유제조기 기준으로 설명해 드리오니 참고하시기를 바랍니다.

1. 쌀가루를 사용하지 않습니다.
스탠 소재 두유제조기의 경우 심하게 늘러붙거나 탈 수 있습니다. 쌀을 사용하시고 물에 불릴 필요 없이 세척 후 바로 넣어주면 됩니다.
잡곡은 미리 물에 불려놓는 것이 좋습니다. 특히 검은콩과 같은 콩류는 딱딱하기 때문에 오래 불릴수록 좋습니다. 시간이 부족하거나 불리는 과정이 번거롭게 느껴진다면 이유식용 쪼개진 잡곡가루를 구매하여 바로 넣어주면 됩니다. 아이보리에서 중기 현미가루, 수수가루 등 세척까지 완료되어 바로 사용할 수 있는 잡곡가루를 구매할 수 있습니다. 오트밀은 많은 양을 넣으면 쉽게 누르고 끓어 넘치며 두유제조기의 에러 및 고장의 원인이 될 수 있으므로 소량 넣는 것이 좋습니다. 오트밀은 쉽게 끓어 넘치는 특성이 있어 후기이유식에서 아침 대용으로 많이 먹는 오트밀포리지를 만들 때도 30초씩 끓어 전자레인지 조리하는 것을 권합니다. 참고로 밀가루나 단백질이 많이 함유된 우유, 생크림, 계란 등의 재료는 두유제조기에 넣어 가열하면 늘러붙거나 탈 수 있습니다.

2. 두유제조기로 이유식을 만들 때는 생각보다 물을 적게 넣는 것이 좋습니다.
냄비이유식과 다르게 뚜껑을 닫고 조리가 되니 증발량이 많지 않고 채소에서 채수가 나오므로 생각보다 묽게 만들어집니다. 보통 이유식 책에 나오는 물 용량보다 적게 넣어야 적당한 농도가 됩니다. 경험상 쌀양 대비 4배 정도의 물양을 넣는 것이 딱 좋았습니다.
죽이 되직하게 만들어지면 추후에 먹일 때 따뜻한 물을 추가하여 농도 수정이 쉽지만 묽게 만들어지면 수정이 번거롭습니다. 되직하게 만들고 추후에 먹일 때 아기가 먹기 좋게 분유포트 물 조금씩 추가하여 전자레인지 데워먹이시는 것이 좋습니다.

3. 두유제조기에 들어가는 모든 재료는 미리 찌거나 익힐 필요 없습니다.
두유제조기가 가열해 주기 때문입니다. 2장부터 소개되는 이유식 만드는 과정을 보면 익히지 않은 채소, 익히지 않은 고기 바로 넣어주는 것이 대부분입니다. 다만, 손질이 필요한 경우는 편의를 위해서 그런 것인데요. 단호박의 경우, 단단한 껍질을 쉽게 잘라내고 속살만 얻어내기 위해서 전자레인지에서 찌고 속살을 발라냅니다. 단호박을 쪄서 자르기 쉬운 상태로 만든 후 조각내고 단호박 속살 덩어리들을 발라내 냉동 보관하고 있습니다. 그때그때 냉동 단호박 속살을 꺼내 두유제조기에 바로 넣습니다. 국산 단호박 5천원짜리 1통 작업해 두면 속살이 많이 나와 꽤 오래 사용하기 때문에 가성비가 좋고 할만합니다.

  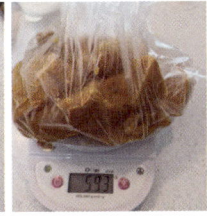 

4. 채소는 다질 필요 없이 듬성듬성 썰어서 넣어주면 됩니다.
두유제조기 믹서 기능으로 갈갈하면 되기 때문에 다질 필요는 없습니다. 두유제조기를 사용하는 이점이 없이 다지기 과정의 수고로움이 추가됩니다. 물론 다져서 넣어도 문제 될 건 없지만요. 다만 양배추, 당근처럼 약간 질긴 채소는 골고루 갈리지 않을 수 있어 손톱 크기 정도로 썰어서 넣어주는 것이 좋습니다. 양배추의 경우 경험상 네모 모양보다 길쭉하게 채를 썰어서 넣는 것이 보다 골고루 잘 갈립니다.

5. 소고기, 닭고기는 다짐육을 사용하는 것이 좋습니다.
고운죽 모드는 어떤 크기의 고기라도 완전히 끝까지 갈아서 스프를 만들어주니 상관이 없습니다. 중기이유식부터는 입자감을 올려가며 미음이 아닌 죽의 형태를 완성해야 하는데 덩어리 고기의 경우 채소와 달리 질기므로 고기만 갈려있지 않을 가능성이 높습니다. 여기서 고기를 더 갈기 위해 믹서 기능으로 갈갈하면 채소와 쌀이 너무 갈려져 입자감이 사라질 수 있습니다. 따라서 고기를 구매할 때는 다짐육으로 하는 것이 어떠한 입자감을 만들기에도 좋습니다.

6. 재료는 가능하면 해동해서 넣어주는 것이 좋습니다.
냉동 상태로 넣어주어도 되지만 가능하면 하루 전 냉장실로 옮겨 해동하거나 시간이 부족하면 물에 5분 이상 담가 해동하며 녹이거나 풀어주는 것이 좋습니다. 특히 고기의 경우 냉동 상태로 넣는다면 뭉쳐진 모양대로 익어져 완성된 후 으깨거나 추가 믹서 갈갈을 해야 할 수 있습니다.

7. 재료를 넣는 순서는 갈렸으면 하는 채소 → 다짐육 고기 → 쌀 → 물 순서로 넣는 것이 좋습니다. 쌀을 맨 마지막에, 맨 위에 넣어야 눌러붙음을 최소화 할 수 있습니다.

8. 두유제조기 내부 용량 최대선을 지키는 것이 좋습니다.
모든 재료+물 넣었을 때, 마이아 제품 기준 최대 1,000ml선보다 아래에 있도록 합니다. 1,000ml선에 닿으면 랜덤으로 넘칠 수 있습니다. 특히, 수분이 많은 배추, 쉽게 끓어 넘치는 오트밀, 불어나는 미역을 넣는 메뉴의 경우에는 좀 더 여유 공간을 두는 것이 좋습니다.

## 두유제조기 세척 방법

두유제조기 세척은 조리가 끝나자마자 내용물을 덜고 바로 하는 것을 권장합니다. 바로 세척하지 않으면 남아있는 열기로 인해 내용물이 바닥에 들러붙어서 세척이 어려워집니다.
죽을 만들고 나면 아래 사진과 같이 밥알이 바닥에 들러붙어 있습니다. 스파출라로 밀고 건드리면 대부분 떨어집니다.

  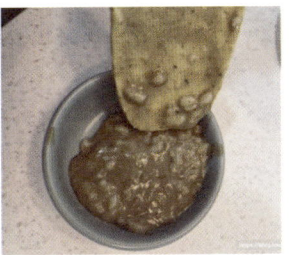

아래 사진은 스파출라로 건들고 물로 한 번 씻은 상태입니다. 이제 전용세척솔로 주방세제를 풀어 남은 내용물과 칼날 부분을 돌려가며 세척해줍니다.

세척을 하여도 늘러붙거나 타서 잘 안 닦이는 것이 있다면 스탠링 수세미를 사용해 세척하면 쉽게 세척할 수 있습니다. 중기이유식부터는 만드는 양이 늘어나면서 스탠 소재 두유제조기의 경우 늘러붙음이 어느 정도 생길 수밖에 없는데 그때 스탠링 수세미를 두유제조기 바닥에 놓고 전용세척솔 또는 숟가락으로 잡아 돌려 닦아주면 칼날에 손이 닿을 일 없이 손 다치지 않으며 쉽게 지울 수 있습니다. 손 안 대고 코 풀기, 손 안 대고 철수세미질 하기죠.

마지막으로 뜨거운 물을 붓고 불린 다음 전용세척솔로 칼날을 돌려가며 닦으면 불려진 미세한 음식물들을 닦을 수 있습니다. 두유제조기의 고온세척 기능을 사용해도 좋지만 깨끗하게 세척하기 위해서는 위의 과정처럼 손으로 마무리 해주는 것이 좋습니다.

뜨거운 물 부어 불려진 칼날에 꼈던 내용물

## 두유제조기 이유식 시기별 먹어볼 재료

토실이의 이유식 시기별 재료입니다. 여러 이유식 책과 인터넷 검색을 통해 시기별 시도해 볼 재료를 구성했습니다. 비타민과 같이 평소에 먹어볼 일이 없을 것 같은 재료는 패스했습니다.

| 시기 | 6개월 | 7~8개월 | 9~11개월 |
|---|---|---|---|
| 구분 | 초기이유식 | 중기이유식 | 후기이유식 |
| 고기 | 소고기 | 닭고기<br>생선<br>(대구살, 가자미살, 동태살)<br>새우살 | 대게살<br>돼지고기 |
| 채소 | 애호박<br>청경채<br>브로콜리<br>양배추<br>단호박<br>감자<br>당근<br>양파<br>무 | 배추<br>시금치<br>새송이버섯<br>두부<br>고구마<br>파프리카<br>적채<br>미역<br>가지<br>부추<br>아보카도<br>연근<br>우엉<br>비트 | 오이<br>표고버섯<br>팽이버섯<br>느타리버섯<br>양송이버섯<br>대파<br>쪽파<br>콩나물<br>숙주나물<br>아스파라거스<br>콜리플라워 |
| 알러지주의 | 계란 노른자<br>밤 | 땅콩<br>계란 흰자<br>밀가루<br>토마토<br>검은콩<br>완두콩 | 계란 흰자(재시도)<br>검은콩(재시도) |
| 잡곡/작물 | 오트밀 | 현미<br>수수 | 흑미<br>옥수수<br>대추 |
| 과일/간식 | 바나나<br>사과 | 귤<br>떡뻥<br>아기치즈<br>과일퓨레 | 딸기 |

※시판 냉동다짐큐브

초기이유식에서는 쌀미음으로 시작하여 180일에 소고기를 추가합니다. 소고기는 기름기가 적은 부위(우둔살, 설도, 앞다리살, 목살, 안심)를 사용합니다. 새로운 재료는 한 번에 1가지씩 첨가하고 최소 3일씩 먹이며 알러지 반응이 나타나는지 지켜봐야 합니다. 식단표가 필요한 이유이기도 합니다.

보통 초기이유식에서 먹는 재료는 알러지 반응이 거의 없는 재료들이고 중기이유식부터 다양한 재료를 접하며 알러지 테스트를 합니다. 토실이의 경우 계란 노른자는 6개월 초기이유식 후반부에, 계란 흰자는 1~2개월 뒤 8개월에 알러지 테스트 했습니다. 후기이유식에서는 평상시에 엄마아빠가 먹는 재료 중에서 그동안 먹어보지 않은 것들을 먹어보았고 알러지 반응이 있었던 재료들도 재시도 했습니다. 토실이는 중기이유식 때 검은콩, 계란 흰자, 두부, 새우살에 알러지 반응이 있었는데 2개월 정도 지나 후기이유식 때 다시 시도해 보니 알러지 반응이 없었습니다.

참고로 제가 중기이유식까지 진행하고 나서 느꼈던 점을 말씀드리자면, 다양한 재료를 3일마다 추가해 가며 서둘러서 2~3개월 안에 시도하려고 할 필요는 없었을 것 같다는 점입니다. 생각보다 토실이가 여러 재료에 대해 알러지 반응이 나타났고 지침은 바뀌었다고 하지만 예전에는 돌 이후에나 먹였다는 재료들을 짧은 기간 안에 서둘러 시도하기보다는 돌 때까지 여유를 두고 천천히 하나씩 추가해 먹여보았어도 좋겠다는 생각이 듭니다. 돌 이전에만 시도해 보면 괜찮지 않을까 싶습니다. 침독이 심하고 피부가 약한 아기를 키운다면 진도를 빨리 나가는 것이 망설여질 수 있습니다. 차근차근 여유를 가지고 돌까지 진행한다고 생각하시면 좋을 것 같습니다.

그래서 다양한 재료를 3일마다 추가하며 진행했던 중기이유식과는 달리 후기이유식에서는 그동안 먹어왔던 기본 재료를 베이스로 하며 평상시에 엄마아빠가 먹는 재료 중에서 먹어보지 않았던 것들을 천천히 추가해 가며 여유롭게 진행했습니다. 식단표는 3일에 한 번 새로운 재료가 추가되는 형태로 되어있지만 꼭 그렇게 하지 않고 조금 더 여유 있게 천천히 진행해도 괜찮다는 말씀을 드리고 싶습니다. 3일에 한 번씩 추가하느라 스트레스받지 않으셨으면 합니다. 돌까지는 시간이 충분히 있으니까요. 알러지 테스트를 늦게 할수록 알러지 반응이 나타날 가능성이 높다고 하는데 늦어도 돌 이전에 진행하면 괜찮지 않을까 하는 개인적인 생각입니다. 아기에게 맞춰 진행하는 것이 가장 중요할 것 같습니다.

당근, 비트, 배추, 시금치와 같은 질산염 채소는 빈혈을 일으킬 수 있어 6개월 이후에 먹여야 한다고 해요. 그래서 초기이유식 후반에 당근부터 추가하기 시작했습니다.
평상시에 집에서 먹는 재료가 아니거나 손질이 어려운 재료(ex. 생선, 완두콩, 우엉 등)는 시판 냉동다짐큐브를 구매해서 사용했습니다. 채소 장보고 씻고 썰고 보관하고 하는 과정도 번거롭다면 모두 시판 냉동다짐큐브 구매해서 사용해도 좋습니다. 바로 두유제조기에 넣으면 되니까요.

이유식 재료 궁합은 책에 보면 정보가 많지만 외우기 힘들기 때문에 고기 위주로 궁합이 안 좋은 것만 기억하고 참고했습니다.

- 소고기 <-Bad-> 고구마 부추 밤
- 닭고기 < -Bad-> 검은깨 자두
- 돼지고기 <-Bad-> 버터 도라지

### 🌂 Tip 토실이 kick 재료

그동안 이유식을 진행하며 제가 먹어도 맛있고 토실이의 반응도 좋았던 kick 재료를 소개할게요.

- 🧅 양파: 맛과 향이 좋아져요. 집에 늘 있는 재료이기 때문에 항상 넣어주는 편입니다. 양파는 익으면 단맛으로 변하기 때문에 따로 물에 담가 매운맛을 빼주지는 않았고 토실이도 잘 먹었습니다. 혹시 양파 매운맛이 걱정된다면 물에 잠깐 담가 매운맛을 뺀 후 넣어주어도 좋습니다.
- 🥬 양배추/적양배추: 마찬가지로 맛과 향이 좋아집니다. 집에 있으면 꼭 넣으면 좋아요.
- 🎃 단호박: 은근히 달달하고 풍미가 살아서 단호박 들어간 메뉴는 토실이가 좋아했어요.
- 🌿 부추: 부추 향이 잘 퍼지며 닭고기와 조화가 좋았습니다.
- 🥦 시금치: 시금치도 닭고기와 조화가 좋았습니다.
- 🍆 가지: 소고기와 조화가 좋았습니다.
- 🌱 대파/쪽파: 소고기와 대파가 만나면 소불고기 향이 은은하게 납니다. 신기하죠.
- 🫑 파프리카(Best): 소고기와 함께 넣으면 맛과 향이 굉장히 살아서 제가 먹어도 맛있습니다. 은근히 단맛도 있고 향부터 다릅니다.

참고로 토실이는 생선/해산물 죽은 그다지 좋아하는 편은 아니었고 아기치즈를 올려서 리조또처럼 주기도 했습니다.

### 이유식 재료 보관 방법

3일 정도 냉장 보관해도 괜찮을 것 같은 식재료는 냉장 보관해서 그다음에 한 번 정도 더 사용했습니다. 배추, 당근, 양배추가 그랬네요. 그게 아니라면 보통 물 묻히지 않은 채로 듬성듬성 썰어서 냉동 보관했다가 그때그때 필요한 만큼 꺼내서 물에 5분 정도 담가 해동하고 손질해서 두유제조기에 넣어 사용했습니다. 냉동실에 시금치, 버섯, 단호박 같은 것들이 지금 있네요. 그때그때 있는 채소 재료를 조합해서 만들고 있습니다.

재료 보관 용기는 지퍼백을 사용하다가 다회용 실리콘백을 구매하여 사용하고 있습니다. 밀폐력이 좋아 냉장, 냉동 보관 시 신선하게 보관할 수 있습니다.

소고기 다짐육은 한 번에 300~600g 정도 구매하여 20ml 용량 큐브틀에 20g씩 소분해서 냉동 보관했습니다. 닭고기 다짐육은 50g씩 소분된 제품을 구매해서 사용했습니다.

**이유식 보관 방법**

두유제조기에 완성된 죽을 이유식 용기에 소분 후 한 김 식힌 후 뚜껑을 잘 닫아서 3일 내 먹일 것은 냉장 보관하고 그 이후로 먹일 것은 냉동 보관합니다. 냉동 보관시 2주 내 먹이는 것이 좋습니다. 냉동 보관한 이유식은 먹이기 하루 전 냉장실로 옮겨 해동해 주세요. 보통 자기 전에 내일 먹일 이유식 올려뒀는지 확인하는 편입니다.

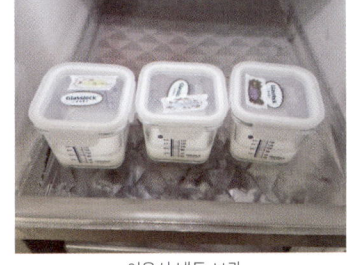

이유식 냉동 보관

**아기에게 이유식 먹이는 방법**

[냉장/냉동한 이유식 먹이는 방법]
-이유식 시간 30분 정도 전에 냉장실에서 꺼내 실온에 두어 냉기를 빼줍니다. (여름 제외)
-냉장/냉동 보관하며 수분이 날아가기 때문에 처음 만들었을 때보다 꾸덕하고 건조해져 있어요. 상태를 보고 필요시 뜨거운 물 or 분유포트 물을 조금씩 부어주어 아기가 먹기 좋게 죽을 촉촉하게 만들어 농도를 수정해 주세요.
-전자레인지 사양에 따라 60~90초 정도 데운 후, 이유식 스푼으로 섞어 골고루 따듯해지도록 해주세요. 저희 집 전자레인지 출력 사양은 1500w로 센 편인데 먹이기 전에 한 번 더 죽을 가열해 준다는 느낌으로 80~90초 정도 데웁니다. 꽤 뜨거워져서 김이 모락모락 나는데 골고루 섞어준 후 손풍기로 충분히 식혀줍니다.
-제 손등 위에 한 스푼 올려서 뜨겁지 않은지, 미지근한 정도인지 체크해보고 아기에게 먹여요.

간혹 아기는 괜찮은데 내가 만든 이유식을 믿지 못하겠다고 하시는 분들도 계십니다. 그런 의미에서도 먹이기 전에 한 번 더 열을 가해서 조리한다는 개념으로 전자레인지 시간을 좀 더 오래 해서 뜨겁게 만든 후 충분히 식혀 먹이는 것이 방법이 될 수 있습니다. 저도 음식을 따듯하게 먹는 것을 좋아하는 편이라 이 방법으로 토실이에게 먹이고 있습니다.

뜨거워진 이유식 손풍기로 식히기

이유식 먹일 때 유의할 점입니다.

-먹일 때는 한입 한입이 중요합니다.
혹시 아기가 먹기 힘들 수 있는 덜 갈린 큰 입자들이 있는지 확인해 주세요. 뭉친 게 있으면 이유식 스푼으로 으깨서 주세요. 으깨려면 스푼 헤드가 물렁한 것보다 적당히 탄탄한 제품이 좋습니다.

-아기에게 맞춰주세요.
먹는 양, 속도, 농도, 질감, 분위기와 환경 등 아기에게 맞춰서 편하고 즐거운 이유식 시간을 가지세요. 흘리는 게 당연하고 잘 먹지 않을 수도 있습니다. 돌 전까지는 분유/모유가 주식이니 너무 염려하지 마세요. 연습하는 과정이라고 생각하시면 좋습니다. 이유식 시작 전에 분유로 스푼 피딩 연습을 미리 해보는 것도 도움이 됩니다.

-아기가 먹는 데에 집중하지 않는다고 너무 스트레스 받지 마세요.
아기들은 다 그렇습니다. 먹짱 아기 토실이에게 먹일 때에도 여전히 저는 비행기 쇼를 합니다.

-물을 마실 수 있도록 연습시켜 주세요.
빨대컵으로 연습하면 좋고 계속해서 거부하면 스푼에 물을 떠서 먹여주세요. 이유식을 먹는 중간이나 다 먹고 나서 물을 마셔주면 좋습니다. 입 안 헹굼도 되고 이유식을 먹기 시작하면 종종 찾아오는 변비를 예방하기 위해서도 수분 섭취는 도움이 됩니다. 아기는 처음에는 빨대로 빨아 마시는 방법을 모르기 때문에 익숙해지는 시간이 필요합니다. 토실이의 경우 초기이유식 기간 동안 한 달 정도 빨대컵을 거부하고 빨지 않고 빨대를 씹었습니다. 그러다가 적응이 되면서 점차 물을 빨아 마시기 시작했습니다.

## 2장. 초기이유식(6개월)

"분유/모유 외에 음식물을 처음 접해보는 아기는 초기이유식 하루 1끼를 먹으며 연습해요. 빨대컵으로 물 마시는 연습을 시작해요. 초기이유식 시작 전에 분유로 스푼 피딩 먼저 연습해두면 좋아요."

## 초기이유식에서 먹어볼 재료와 식단표&스케줄

#빨간우산 #두유제조기 #초기이유식 #식단표 #하루1끼 #174일시작 #6개월

| D+ | Base | 고기 | 채소 | New | 먹은양/특이사항 |
|---|---|---|---|---|---|
| 174 | 쌀 | | | 쌀 | |
| 175 | 쌀 | | | | |
| 176 | 쌀 | | | | |
| 177 | 쌀+오트밀 | | | 오트밀 | |
| 178 | 쌀+오트밀 | | | | |
| 179 | 쌀+오트밀 | | | | |
| 180 | 쌀+오트밀 | 소고기 | | 소고기 | |
| 181 | 쌀+오트밀 | 소고기 | | | |
| 182 | 쌀+오트밀 | 소고기 | | | |
| 183 | 쌀+오트밀 | 소고기 | 애호박 | 애호박 | |
| 184 | 쌀+오트밀 | 소고기 | 애호박 | | |
| 185 | 쌀+오트밀 | 소고기 | 애호박 | | |
| 186 | 쌀+오트밀 | 소고기 | 애호박+청경채 | 청경채 | |
| 187 | 쌀+오트밀 | 소고기 | 애호박+청경채 | | |
| 188 | 쌀+오트밀 | 소고기 | 애호박+청경채 | | |
| 189 | 쌀+오트밀 | 소고기 | 청경채+양배추 | 양배추 | |
| 190 | 쌀+오트밀 | 소고기 | 청경채+양배추 | | |
| 191 | 쌀+오트밀 | 소고기 | 청경채+양배추 | | |
| 192 | 쌀+오트밀 | 소고기 | 양배추+브로콜리 | 브로콜리 | |
| 193 | 쌀+오트밀 | 소고기 | 양배추+브로콜리 | | |
| 194 | 쌀+오트밀 | 소고기 | 양배추+브로콜리 | | |
| 195 | 쌀+오트밀 | 소고기 | 브로콜리+단호박 | 단호박 | |
| 196 | 쌀+오트밀 | 소고기 | 브로콜리+단호박 | | |
| 197 | 쌀+오트밀 | 소고기 | 브로콜리+단호박 | | |
| 198 | 쌀+오트밀 | 소고기 | 단호박+감자 | 감자 | |
| 199 | 쌀+오트밀 | 소고기 | 단호박+감자 | | |
| 200 | 쌀+오트밀 | 소고기 | 단호박+감자 | | |
| 201 | 쌀+오트밀 | 소고기 | 감자+당근 | 당근 | |
| 202 | 쌀+오트밀 | 소고기 | 감자+당근 | | |
| 203 | 쌀+오트밀 | 소고기 | 감자+당근 | | 계란 노른자 테스트 |
| 204 | 쌀+오트밀 | 소고기 | 당근+양파 | 양파 | |
| 205 | 쌀+오트밀 | 소고기 | 당근+양파 | | |
| 206 | 쌀+오트밀 | 소고기 | 당근+양파 | | |
| 207 | 쌀+오트밀 | 소고기 | 양파+무 | 무 | 중기이유식과의 연결 |
| 208 | 쌀+오트밀 | 소고기 | 양파+무 | | |
| 209 | 쌀+오트밀 | 소고기 | 양파+무 | | |

초기이유식에서 먹어볼 재료입니다.

| 시기 | 6개월 | 7~8개월 | 9~11개월 |
|---|---|---|---|
| 구분 | 초기이유식 | 중기이유식 | 후기이유식 |
| 고기 | 소고기 | 닭고기<br>생선<br>(대구살, 가자미살, 동태살)<br>새우살 | 대게살<br>돼지고기 |
| 채소 | 애호박<br>청경채<br>브로콜리<br>양배추<br>단호박<br>감자<br>당근<br>양파<br>무 | 배추<br>시금치<br>새송이버섯<br>두부<br>고구마<br>파프리카<br>적채<br>미역<br>가지<br>부추<br>아보카도<br>연근<br>우엉<br>비트 | 오이<br>표고버섯<br>팽이버섯<br>느타리버섯<br>양송이버섯<br>대파<br>쪽파<br>콩나물<br>숙주나물<br>아스파라거스<br>콜리플라워 |
| 알러지주의 | 계란 노른자<br>밤 | 땅콩<br>계란 흰자<br>밀가루<br>토마토<br>검은콩<br>완두콩 | 계란 흰자(재시도)<br>검은콩(재시도) |
| 잡곡/작물 | 오트밀 | 현미<br>수수 | 흑미<br>옥수수<br>대추 |
| 과일/간식 | 바나나<br>사과 | 귤<br>떡뻥<br>아기치즈<br>과일퓨레 | 딸기 |

초기이유식 식단표를 구성하기 위해 튼이이유식 책과 여러 블로그를 참고하여 식단표를 작성했습니다.

- D+174~176 쌀미음
- D+177~179 쌀+오트밀 미음
- D+180~182 쌀+오트밀+소고기 미음 (Base)
- D+183 부터 3일 간격으로 채소 1가지씩 추가하며 알러지 테스트

애호박 → 청경채 → 양배추 → 브로콜리 → 단호박 → 감자 → 당근 → 양파 → 무 순으로 진행하였고, 중간에 계란 노른자 알러지 테스트도 진행했습니다.

3일에 한 번, 한 가지 메뉴 초기이유식 3회분을 만들었고 초기이유식 마지막 New 재료인 무를 추가한 죽은 중기이유식과의 연결을 위해 6회분을 만들었습니다. 식단표를 냉장고에 붙여 스케줄 참고하여 이유식 만들고 아기가 먹은 양과 알러지 반응여부 등 특이사항도 함께 적었습니다. 쌀, 오트밀, 소고기는 기본 베이스로 항상 들어가고 채소 하나당 3일치씩 2회 활용했습니다.

토실이가 진행한 초기이유식 스케줄입니다.

초기 이유식은 하루 한 끼 보통 낮잠 1 기상 후 먹이고 먹은 양과 반응을 적어놓습니다. 초기이유식은 먹는 양이 적기 때문에 이유식 후 바로 분유수유 해주었어요. 이를 '보충수유'라고 합니다. 분유양도 그대로 주었어요.
중기이유식부터는 먹는 양이 늘어나면서 이유식을 한 끼로서 배가 차게 먹게 되면 '분리수유'라는걸 한다고 해요. 이유식과 수유를 분리해 텀을 두고 각각을 끼니로서 구분 짓는 것입니다.

## 두유제조기 초기이유식 준비물

두유제조기 외에 제가 구매한 초기이유식 준비물을 소개하겠습니다.

-이유식 용기
글래스락 베이비 270ml 큰 용량 유리 이유식 용기입니다. 뚜껑은 2가지 타입이 있습니다. 스마일캡 실리콘 뚜껑은 스팀홀 열고 전자레인지 조리하는 용/3일치 냉장 보관용이고, 사면 결착 플라스틱 뚜껑은 냉동 보관/외출용입니다. 신제품으로 뚜껑과 바디가 모두 실리콘 소재인 이유식 용기가 출시되어 추가로 구매하였습니다. 무게는 87g으로 유리 용기(280g)보다 확실히 가볍습니다. 비교하여 선호하는 타입으로 구비하시는 걸 추천해 드립니다.

Q. 처음으로 돌아간다면 어떤 타입, 어떤 구성으로 이유식 용기 구매하실 건가요?

A. 모든 타입 다 사용해 본 결과, all 실리콘 이유식 용기가 좋습니다. 확실히 가벼워 손목 무리 안 가고 튼튼하게 잘 만들어졌더라고요. 처음으로 간다면 all 실리콘 6개 + 유리&사면 결착 뚜껑 3개(외출 대비용)로 구매할 것 같습니다. all 실리콘 용기로 외출해 본 적 있는데 거꾸로 들지 않는 이상 가방 안에 자리 잘 잡아주면 괜찮더라고요. 그만큼 꽤 탄탄합니다. 다만, 실리콘 특성상 오래 사용하면 냄새 베임이 있어 한 번씩 열탕 소독해주는 것이 좋습니다.

이유식 용기는 많으면 많은 대로 설거지 여유가 있으니 좋겠지만 9개면 충분합니다. 초기이유식 때는 한 번에 3끼 만드니 최소 3개에서 6개 정도면 커버가 되고, 중기이유식부터는 한 번에 6끼 만들어서 3개는 냉장 보관하고 나머지 3개는 냉동 보관합니다. 그래서 9개 정도 구비해두면 여유 있게 사용할 수 있어요.

그리고 이유식 용기는 처음부터 큰 용량으로 구비하는 것이 좋습니다. 초기이유식은 금방 끝나고 중기이유식부터는 먹는 양이 많아져서 큰 용량 이유식 용기가 필요해요. 나중에 유아식 할 때도 반찬 용기로 쓰면 좋으니 처음부터 큰 용량으로 준비하시는 걸 추천해요.

-큐브틀

두유제조기 이유식에서는 토핑이유식처럼 많은 큐브틀이 필요하지 않습니다. 큐브틀은 주로 소고기 다짐육 소분 냉동 보관용으로 사용해요. 제가 사용한 큐브틀은 사진처럼 모두 20~25ml씩 들어가는 틀이고 12구짜리 2개, 20구짜리 1개입니다. 총 880ml 정도 저장할 수 있겠네요. 저는 소고기 다짐육을 한 번에 300~ 600g 정도 구매해서 이 정도 큐브틀이면 넉넉하게 보관할 수 있었어요. 보통 소고기 다짐육은 300g 단위로 많이 판매하니까 혹시 짧게 자주 구매하시려면 최소 400ml 정도 저장용량이면 될 것이고, 800ml 정도까지 커버되도록 구비해두시면 소고기 많은 양 구매하실 때 보관하기 편할 거에요. 한 칸당 소고기 다짐육 꽉 채워 넣으면 20g 소고기 다짐육 큐브가 됩니다.

초기이유식 때는 20g 소고기 다짐육 큐브 2개 해서 3끼에 소고기 40g, 중기이유식 때는 20g 소고기 다짐육 큐브 4개 해서 6끼에 소고기 80g씩 넣어 이유식을 만듭니다. (한 끼 기준 소고기 10~15g 섭취)

-소고기 다짐육

소고기는 한우 다짐육을 오아시스마켓에서 구매하여 사용했습니다. 기름기가 적은 설도, 우둔, 앞다리, 목심 부위를 다진 무항생제 한우 다짐육 300g을 1만원 초반대의 좋은 가격에 구매할 수 있습니다. 고기가 신선하고 새벽배송도 편리해요. 소고기뿐 아니라 유기농, 국내산 채소도 착한 가격에 구입할 수 있어 이유식 재료 구입처로 오아시스마켓을 추천해 드립니다. 참고로, 서울시 거주하는 양육자분들은 서울시 가정행복 할인쿠폰 지원 제도를 통해 매월 오아시스 할인쿠폰을 받을 수 있습니다. 자세한 내용은 오른쪽 QR코드를 통해 확인할 수 있습니다.

이유식 재료 구입처

-거름망(사이즈 S)

두유제조기 이유식에서 거름망(채)은 소량의 쌀, 채소를 씻을 때 편리합니다. 사이즈 가장 작은 것으로 하나 구비해두면 손에 물 묻히지 않고 채에 올려 흐르는 물에 재료를 씻어서 바로 두유제조기에 넣을 수 있어 편리합니다. 쌀과 채소 모두 채에다가 바로 올려 무게도 재고 흐르는 물에 씻어 바로 넣어 사용합니다. 거름망이 작아야 두유제조기 입구와 사이즈가 맞아서 좋습니다. 저는 육수, 채수를 따로 내지 않지만 불순물 거를 때, 재료 건질 때 그리고 계란 노른자 곱게 내릴 때 등 활용도가 좋습니다.

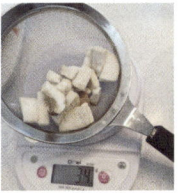

-실리콘 이유식용 스파츌라(사이즈 대)

중기이유식부터 많은 양의 죽을 만들게 되므로 죽을 잘 섞을 수 있도록 헤드가 크고 키가 큰 스파츌라가 필요합니다. 작은 스파츌라는 두유제조기 안에 내용물을 잘 섞어주기에 한계가 있을 것입니다.

-이유식 스푼(사이즈 S)
이유식 스푼은 생각보다 중요합니다. 헤드 크기가 작으며 적당히 탄탄해야 아기 입에 들어가기에 좋고 으깨야 할 때도 좋습니다. 제가 사용한 이유식 스푼은 릿첼 제품으로 세로로 긴 타원형 모양의 헤드와 그립감이 좋아 초기이유식 때부터 잘 사용했습니다. 스푼 2p + 케이스 2p 구성으로 케이스가 하나씩 따로 있어 외출할 때도 챙겨나가기 좋습니다.

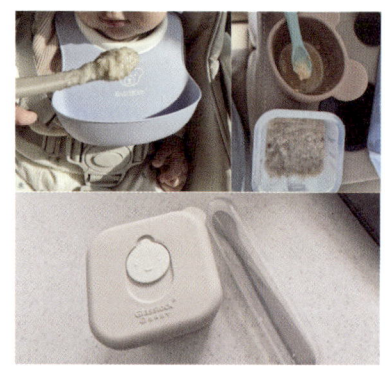

-전자저울
집에 가지고 있던 전자저울이 최대 1kg까지 밖에 측정되지 않아 3kg까지 측정되는 오펠 제품을 찾아서 새로 구매했습니다. 가격대도 저렴하고 가성비가 좋아 이유식 저울로 추천합니다.

Q. max 1kg 저울 말고 3kg 저울을 새로 구매한 이유가 있을까요?

A. 두유제조기에 재료와 물을 넣으면 1kg을 넘어가기 때문에 두유제조기째로 저울에 올리고 재료를 바로 추가하기가 불가능했습니다. 오른쪽 사진과 같이 잡곡가루를 넣을 때도 두유제조기째로 저울에 올리고 tare(0점 맞추기) 버튼 눌러가면서 바로 넣으면 숟가락 사용하지 않고 간편하게 원하는 만큼 바로 재료 추가 가능하여 편리합니다.

-턱받이(사이즈 S)
베이비본 실리콘 턱받이 작은 사이즈 + 큰 사이즈 세트 구성으로 구매했습니다. 토실이는 9~10개월까지 작은 사이즈를 사용 후 큰 사이즈로 바꿔 사용했습니다. 탄탄한 실리콘 소재여서 음식물을 잘 받아주고 아기 목 두께에 따라 길이 조절이 쉬우며 물로 씻어주면 금세 말라서 다음 끼니에 바로 사용할 수 있어 편리합니다.

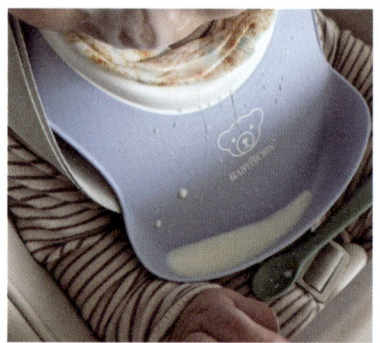

-유기농 오트밀 가루
퍼기 제품으로 구매하였고 국내산 유기농 귀리 가루입니다. 입자가 곱고 고소하며 바로 먹을 수 있기 때문에 초기이유식 시작 단계에서 만들어둔 쌀미음에 한 스푼 추가하여 오트밀 테스트를 할 수 있어 편리합니다. 저는 두유제조기에 이유식 만들 때 보통 마지막에 오트밀가루 1숟가락을 넣는 편입니다. 첫 번째 이유는 고소한 맛을 주기 위함이고 두 번째 이유는 오트밀에 철분이 많기 때문입니다. 생략할 수 있으며 오트밀가루가 아닌 오트밀을 넣어도 됩니다.

-스탠링 수세미

스탠 소재 두유제조기의 경우 만드는 양이 많아지면서 바닥에 늘러붙음이 어느 정도 생길 수밖에 없습니다. 대부분 전용세척솔로 닦으면 지워지긴 하겠지만 그럼에도 닦이지 않는 것이 있을 때 스탠링 수세미를 사용하면 아주 수월하게 세척할 수 있습니다. 스탠링 수세미를 두유제조기 바닥에 놓고 전용세척솔이나 숟가락으로 잡고 돌려 닦아주면 칼날에 손댈 일 없어 손 다치지 않고 간편하게 지울 수 있습니다. 손 안 대고 철수세미질 하는 것입니다. 저는 후기이유식 시작할 때쯤에 스탠링 수세미를 알고 구매하였는데 처음부터 있었더라면 그동안 세척 부담이 크게 줄었을 것 같습니다. 스탠 소재 두유제조기 사용하시면 세척 필수 아이템입니다. 두유제조기 외에 대파, 당근 같은 채소 표면 세척과 텀블러, 전기포트 내부 세척에도 편리하여 하나쯤 집에 있으면 좋은 아이템입니다. 찌꺼기 끼임 없이 위생적 보관이 가능합니다.

-잘라서 쓰는 위생도마

이유식용으로 도마 새로 구매할 필요 없이 집에서 쓰던 도마 위에 위생도마를 필요한 만큼 잘라서 올려 사용하고 바로 버리면 되어 간편합니다. 요즘 나오는 랩처럼 커터도 같이 있어 자르기 편하고 재료 손질한 다음 위생도마째로 들어서 냄비나 두유제조기에 재료를 풍덩 넣고 바로 버리면 되니 손에 묻을 일 없습니다.

도톰하고 한쪽은 논슬립, 다른 한쪽은 오돌토돌해서 재료 손질할 때 밀리지 않고 기존 도마 위생이나 스크래치 걱정 없어 좋습니다.

-첫걸음 빨대컵

집에서 사용하는 작은 빨대컵 + 외출용 캡 달린 큰 빨대컵 세트 구성으로 두 가지 모두 잘 사용하고 있습니다. 초기이유식 때는 아기가 빨대컵을 사용할 줄 모르기 때문에 작은 빨대컵에 익숙해지는 시간을 가지도록 했습니다. push를 누르면 물이 나와서 아기에게 물이 나오는 걸 인지시키기 좋습니다. 한 달 정도 적응 시간을 가지면 빨대로 물을 빨아 마시는걸 보통 알게 됩니다. 그전까지는 빨대컵을 거부하고 빨지 않고 잘근잘근 씹었습니다. 점차 적응되면서 물을 빨아 마시기 시작했어요.

이유식을 먹기 시작하면 변비가 오거나 응가를 힘들어하기 때문에 물을 같이 마시도록 연습해 주면 좋습니다. 아기가 7개월 넘어가니 스스로 손잡이를 잡고 물을 마실 수 있고 외출할 때는 캡 빨대컵에 물을 챙겨나가면 되니 밖에서 먹이는 걱정도 없습니다.

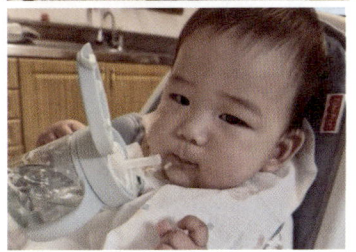

# 두유제조기로 만드는 초기이유식 추천 레시피

초기이유식에서는 쌀미음부터 시작하는데요. 처음에는 보통 10배죽 쌀미음을 만들어서 스푼 피딩부터 연습하고 적응한다고 생각하면 좋습니다. 아기가 먹는 건 거의 없고 턱받이에 다 흐를 거에요. 이후 2주 정도 점점 되직하게 물 넣는 양 줄여나가 보세요. 묽은 것보다 되직한 것을 아기가 더 잘 받아먹고 덜 흘립니다. 아기가 조금씩 잘 받아먹는지 보면서 그때 입자감을 조금씩 올리면 좋습니다. 아기가 잘 먹으면 입자감 빠르게 올려줘도 괜찮다고 해요.

점차 되직해지도록 물양을 줄여나가고 최종적으로 쌀양 대비 최소 4배 정도의 물을 넣어주시면 됩니다. 쌀에 소고기, 채소를 추가하여 고운죽 모드를 실행해 미음, 고운죽 형태로 만들어줍니다.

| 구분 | 초기이유식 | 중기이유식 | 후기이유식 |
|---|---|---|---|
| 시기 | 6개월 | 7~8개월 | 9~11개월 |
| 하루 이유식 횟수 | 하루 1끼 | 하루 2끼 | 하루 3끼 |
| 한 끼 기준 소고기 섭취량 | 10~15g | 10~15g | 15~20g |
| 이유식 만드는 텀 | 3일 | 3일 | 3~6일 |
| 레시피 | *총 3회분 기준<br>쌀 50g,<br>오트밀 가루 5g (숟가락 1 큰 술),<br>다짐육 소고기 30~40g,<br>채소 1 15~30g,<br>채소 2 15~30g,<br>물 210g을<br><br>두유제조기에 한 번에 모두 넣고 고운죽 모드 실행 | *총 6회분 기준<br>쌀 140g,<br>오트밀 가루 5g (숟가락 1 큰 술),<br>다짐육 소고기/닭고기 80~100g,<br>채소 2~3가지 합해서 140g,<br>물 600g을<br><br>두유제조기에 한 번에 모두 넣고 이유식 모드 실행, 완료 후 원하는 입자감이 나올 때까지 믹서 기능으로 갈갈하면 완성 | *총 6회분 기준<br>쌀 160g,<br>오트밀 가루 5g (숟가락 1 큰 술),<br>다짐육 소고기/닭고기 100g,<br>채소 2~3가지 합해서 160g,<br>물 600g을<br><br>두유제조기에 한 번에 모두 넣고 이유식 or 건강죽 모드 실행, 완료 후 필요시 믹서 기능으로 짧게 갈갈하면 완성 |
| 완성양 | 90~100g씩 3회분 완성 | 150g씩 6회분 완성 | 160g씩 6회분 완성 |

빨간우산 두유제조기 이유식 추천 레시피

초기이유식의 경우 쌀, 채소, 소고기의 비율을 무게로 따지면 쌀 : 소고기 : 채소 = 1 : 1 : 1.5~2 정도의 비율로 만들었습니다. 저는 채소를 좀 더 넣는 편이에요. 토실이의 경우 잘 먹는 아기여서 위 추천 레시피보다 채소를 좀 더 넣어 더 많은 양을 만들었어요. 초기이유식을 진행하며 두유제조기로 이유식 만드는 것이 점차 익숙해지면 각 채소의 양보다는 여러 가지 채소 총 합한 양으로 보면 계량이 더 쉬워요. New 재료 + 냉털 채소 2~3가지 채소 조합해서 편하게 만드시면 됩니다.

냉털 채소 조합하기

오트밀가루는 고소한 맛 추가 & 철분이 많다고 하여 마지막에 1숟가락 정도 소량만 넣어주었어요. 생략할 수 있으며 오트밀가루가 아닌 오트밀을 넣어도 됩니다.
소고기는 한 끼에 10~15g 섭취하도록 초기이유식 3끼 만들 때 소고기 40g을 넣었습니다. 먹는 양이 적은 아기의 경우에는 철분 섭취를 고려하여 소고기를 좀 더 넣어주셔도 좋습니다. 그래야 소고기 섭취량을 맞출 수 있을 것이니까요.

[하루 1끼] **두유제조기로 초기이유식 3끼 만들기**

이제부터 소개할 내용은 제가 두유제조기로 쌀미음부터 초기이유식을 만들며 시행착오를 겪고 앞 페이지에서 소개한 두유제조기 초기이유식 추천 레시피를 찾아가는 과정입니다.

각 메뉴를 만드는 과정과 결과물을 통해 두유제조기로 초기이유식 3끼 만드는 레시피를 확인하시고 따라 해보며 응용하시기를 바랍니다.

# NEW 쌀미음

**재료**
- 쌀 45g
- 물 450g (10배죽)

**실행모드**
- 고운죽 모드

**완성된 양**
- 75g씩 6회분

**만드는 방법**
- 불리지 않은 쌀을 세척 후 두유제조기에 물과 함께 넣고 고운죽 모드 실행

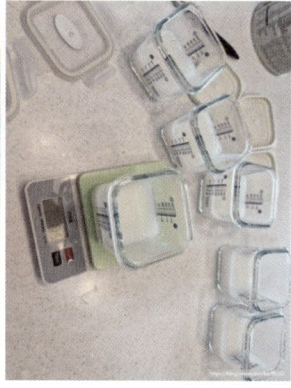

- 두유제조기의 경우, 뚜껑 닫고 조리되어 증발량이 많지 않습니다. 그래서 10배죽 쌀미음 만들어진 것 보면 생각보다 많이 묽어요.
- 제 추천은 8배죽으로 첫 쌀미음을 만드는 것입니다. (쌀 45g, 물 360g)

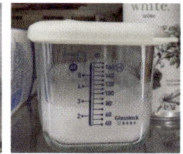

- 네임테이프에 만든 날짜, 내용물, 용량 적고 냉동실에 3개 보관, 3일 내 먹을 거는 냉장 보관해요.

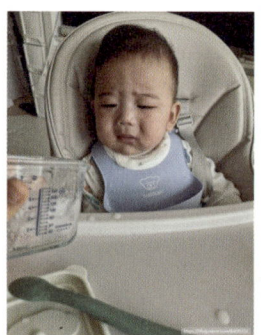
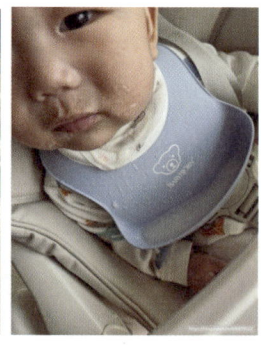

- 토실이의 첫 쌀미음 반응: 많이 흘리고 뱉고 여기저기 묻힙니다. 스푼이 어색한지 혀로 밀어내기도 하고 꿀떡 삼키는 걸 할 줄 모릅니다. 쌀미음 맛은 나쁘지 않아 보이고 30ml 정도 먹은 것 같아요.

# NEW 오트밀

- 기존에 만들어 놓은 쌀미음에 오트밀 가루 5g (1숟가락) 넣고 전자레인지 30초 조리 후 골고루 섞어서 먹였습니다. 고소해서 그런지 좀 더 잘 먹었어요.

# NEW 소고기

**재료**
- 쌀 40g
- 오트밀가루 10g
- 소고기 다짐육 40g
- 물 400g

**실행모드**
- 고운죽 모드

**완성된 양**
- 80g씩 5회분

**만드는 방법**
- 두유제조기에 재료와 물을 함께 넣고 고운죽 모드 실행

- 한우 다짐육과 한우 앞다리살 덩어리 구매 후, 다짐육으로 먼저 이유식을 만들었어요.

- 소고기 다짐육은 따로 핏물을 빼지 않고 두유제조기에 넣었어요. 이전보다 좀 더 되직하고 소고기 맛이 진해요. 토실이가 더 잘 먹기 시작했어요.

# NEW 애호박

**재료**
- 기존 만들어놓은 베이스미음
- 애호박 9g

**실행모드**
-

**완성된 양**
-

**만드는 방법**
- 기존 만들어놓은 베이스미음 소진하기 위해 애호박만 따로 찌고 갈아 추가

- 애호박 껍질을 잘라내고 깍뚝 썰어 2분간 전자레인지 조리하여 익힌 후 매셔로 으깨보았지만 한계가 있어 다이소 수동 다지기에 넣고 갈았습니다.
- 다음 채소부터는 두유제조기에 처음부터 한 번에 모두 넣고 만드는 방식으로 하는 것이 맛도 더 좋고 쉬울 것 같습니다. (애호박 30g 넣으면 됩니다)

- 베이스미음에 애호박 9g씩 넣어 3회분을 만들었습니다. 남은 애호박은 큐브틀에 15g씩 담아 냉동 보관 후 사용했어요.
- 소고기에 애호박이 추가되니 제가 먹어도 맛이 더 좋았습니다. 이제는 토실이가 조금씩 스푼에 익숙해지고 맛있기도 한지 80g 정도 담으면 10~20g 정도는 흘리고 60g 정도 먹는 것 같습니다.

초기5

# NEW 청경채

**재료**
- 쌀 47g
- 오트밀가루 8g
- 소고기 다짐육 40g
- 애호박 30g
- 청경채 17g (한 단 잎부분만)
- 물 210g

**실행모드**
- 고운죽 모드

**완성된 양**
- 100g씩 3회분

**만드는 방법**
- 두유제조기에 재료와 물을 함께 넣고 고운죽 모드 실행

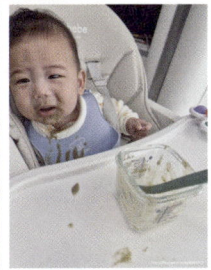

- 냉동한 소고기 다짐육 큐브는 정수물에 5분 정도 담아 핏물을 살짝 빼주었습니다. 오트밀 가루는 숟가락 1큰술 정도 넣어주었어요.
- 맨 아래 쌀 넣고 그 위에 청경채, 애호박과 소고기 다짐육, 오트밀 가루, 물 넣고 뚜껑 닫아 고운죽 모드 실행합니다.
- 생각보다 되직하게 100g씩 3회분 나왔어요. 토실이가 되직한 걸 좀 더 잘 먹었어요. 80g 정도 먹었어요.

# NEW 양배추

### 재료

- 쌀 50g
- 오트밀가루 8g(숟가락 1큰술)
- 소고기 다짐육 40g
- 청경채 21g (한 단 잎부분만)
- 양배추 21g
- 물 210g

### 실행모드

- 건강죽 모드

### 완성된 양

- 85g씩 3회분

### 만드는 방법

- 두유제조기에 재료와 물을 함께 넣고 건강죽 모드 실행
- 입자감이 가장 굵은 건강죽 모드로 실행하면 어느 정도의 입자감과 농도가 나오는지 확인하고 믹서 기능 갈갈하여 입자감 낮추는 테스트 진행 #입자감테스트

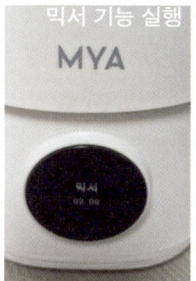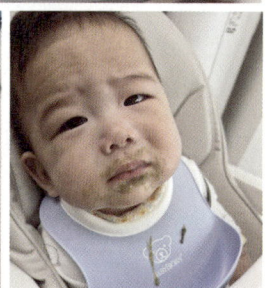

- 이번에는 채소부터 넣었어요. 쌀을 바닥에 깔지 않고 맨 마지막 위에 넣어서 바닥에 덜 달라붙게 했어요.
- 건강죽 모드로 실행하니 후기이유식 입자감 정도로 나왔어요. 밥알이 살아있고 걸쭉하니 농도도 좋았어요.
- 입자감을 낮추기 위해 골고루 섞은 후 다시 뚜껑을 닫고 믹서 기능으로 5초간 갈갈해 주었습니다. 중기이유식 정도의 입자감이 나왔어요. 아마 이유식 모드로 실행하면 이 정도로 나오지 않을까 해요.
- 두유제조기의 믹서는 생각보다 파워풀해서 살짝만 갈아줘도 많이 갈리니 짧게 조금씩 실행하면서 확인하는 게 좋아요.
- 초기이유식 미음 정도로 만들기 위해 다시 뚜껑 닫고 이어서 믹서 기능 1분 갈갈하니 고운죽 모드로 했을 때처럼 곱게 갈렸어요.
- 맛있는지 토실이가 아주 잘 먹어주었어요. 되직하니 더 잘 먹고 흘리는 것도 많이 줄었어요 85g 완밥했어요.

## 초기7

# NEW 브로콜리

**재료**
- 쌀 70g
- 오트밀가루 5g(1숟가락)
- 소고기 : 다짐육 20g
         + 앞다리살 덩어리 29g
- 양배추 29g
- 브로콜리 36g
- 물 210g

**실행모드**
- 건강죽 모드

**완성된 양**
- 100g씩 3회분

**만드는 방법**
- 이번에도 마찬가지로 건강죽 모드 실행하여 만들어지는 모습 확인하고 추가 믹서 기능 갈갈하여 입자감 낮추기

완성된 모습
(덩어리 소고기가 안 갈렸어요)

추가 믹서 기능 갈갈 후

- 건강죽 모드로 완성된 죽을 보니 다 좋았지만 손가락 두 마디 정도의 기다란 소고기 앞다리살 덩어리가 잘 갈리지 않았어요. 소고기는 채소보다 질기므로 덩어리 고기일 경우 손톱 크기 정도로 잘라서 넣어야 골고루 잘 갈릴 것으로 예상돼요. 다질 필요까지는 없을 것 같아요.
- 이번에는 입자감을 조금 높여서 먹여보려고 중기이유식에 가까운 입자감 정도에서 추가 믹서 기능 갈갈을 멈춰 완성했어요. 밥알이 안 갈린 것들도 있어 괜찮을까 했지만 토실이가 잘 먹었어요. 되직하고 입자감 있는 것을 더 좋아하는 것 같아요 85g 완밥했어요. 아기가 잘 먹으면 빠르게 입자감 올려줘도 괜찮다고 해요.

## 초기 8

# NEW 단호박

**재료**
- 쌀 50g
- 오트밀가루 5g(1숟가락)
- 소고기 앞다리살 덩어리 50g (손톱 크기)
- 양배추 30g
- 브로콜리 30g
- 단호박 50g
- 물 240g

**실행모드**
- 이유식 모드

**완성된 양**
- 140g씩 3회분

**만드는 방법**
- 이번에는 기다란 소고기 덩어리를 손톱 크기로 잘라 넣고 이유식 모드 실행하여 소고기가 얼마나 갈리는지 확인

완성된 모습
(손톱 크기 소고기가 안 갈렸어요)

추가 믹서 기능 갈갈 후

- 이번에도 다 좋지만 소고기가 잘 갈리지 않았어요. 손톱 크기 정도로 잘라 넣어도 소고기는 채소와 달리 질겨서 잘 갈리지 않네요. 소고기는 다짐육을 구매해서 넣는 것이 여러모로 마음이 편하겠어요.
- 추가 믹서 기능 갈갈하여 소고기도 갈고 입자감 낮춰 완성했어요. 단호박을 넣어서 색이 노랗고 예쁘네요. 제가 먹어도 약간 단맛이 나며 맛있어요.
- 토실이가 잘 먹어서 1끼양을 140g으로 늘려보기로 했고 완밥했어요.
- 그런데 먹는 양을 갑자기 확 늘려서 그런지 오후에 조금 게워 내서 양을 천천히 늘려야 할 것 같아요.

# NEW 감자

### 재료
- 쌀 50g
- 오트밀가루 5g (1숟가락)
- 소고기 앞다리살 덩어리 40g (손톱 크기)
- 양배추 35g
- 애호박 30g
- 감자 60g
- 물 230g

### 실행모드
- 건강죽 모드

### 완성된 양
- 125g씩 3회분

### 만드는 방법
- 건강죽 모드 실행하여 만들어지는 모습 확인하고 추가 믹서 기능 갈갈하여 입자감 낮추기

완성된 모습
(손톱 크기 소고기가 안 갈렸어요)

추가 믹서 기능 갈갈 후

- 토실이가 이제 한 끼에 120g 정도 먹기에 채소양을 조금 늘렸어요. 냉동 소고기는 5분간 물에 담가 핏물을 조금 뺐어요. 냉동 소고기를 해동하는 효과도 있어요.
- 완성된 모습을 보니 역시나 소고기만 살아있어요. 남은 앞다리살 덩어리를 모두 엄지손톱만 한 크기로 잘라 큐브로 냉동 보관하여 사용하고 있어요. 소고기 표면만 갈려 나간 느낌이네요. 나머지 재료들은 적당히 갈렸어요. 골고루 섞어준 후 추가로 믹서 기능 갈갈 2분 실행했어요. 지난번에는 좀 더 입자감 있게 만들어주었는데 유튜브에서 하임리히법 영상을 보게 되어서 혹시나 덜 갈린 소고기가 목에 막힐까봐 당분간은 좀 더 갈아서 만드려고해요 겁이 많은 엄마에요. 소고기 덜 갈린 것 없이 고운죽에 가까운 입자감과 질감이 되었고 감자를 넣어서 꾸덕하고 고소하니 맛있어요.

# NEW 당근

**초기10**

### 재료
- 쌀 50g
- 오트밀가루 5g(1숟가락)
- 소고기 앞다리살 덩어리 40g (손톱 크기)
- 양배추 35g
- 감자 50g
- 당근 45g
- 물 230g

### 실행모드
- 건강죽 모드

### 완성된 양
- 140g씩 3회분

### 만드는 방법
- 건강죽 모드 실행하여 만들어지는 모습 확인하고 추가 믹서 기능 갈갈하여 입자감 낮추기

완성된 모습
(손톱 크기 소고기가 안 갈렸어요)

추가 믹서 기능 갈갈 후

- 당근은 대체로 잘 갈렸고 뭉쳐있는 당근 덩이는 스파출라로 으깨주었어요. 소고기 빼고는 적당히 잘 갈려 후기이유식 정도의 입자감과 질감이 나왔네요. 추가 믹서 기능 갈갈 1분하여 소고기도 완전히 갈아 초기이유식으로 만들었어요. 당근이 들어가 주황빛이 예쁘고 맛을 보니 달달하고 맛있어요.
- D+203에는 계란 노른자 테스트를 위해 삶은 계란에서 노른자만 꺼내 포크로 으깨서 토핑처럼 먹여보았어요. 노른자만 따로 먹여보기도, 죽 위에 반찬처럼 얹어주기도 했는데 둘 다 잘 먹고 고소한지 토실이가 좋아했어요. 알러지 반응 없었어요.
- 계란 노른자 테스트할 때는 계란을 완숙으로 충분히 삶은 후 노른자만 꺼내서 먹여야 해요. 어린 아기는 흰자에 알러지 반응을 보이는 경우가 꽤 많아 흰자가 섞이지 않도록 계란을 삶은 후 완벽히 분리해 주세요.

# NEW 양파

**재료**
- 쌀 50g
- 오트밀가루 5g(1숟가락)
- 소고기 앞다리살 덩어리 40g (손톱 크기)
- 양배추 35g
- 당근 63g
- 양파 52g
- 물 240g

**실행모드**
- 건강죽 모드

**완성된 양**
- 130g씩 3회분

**만드는 방법**
- 건강죽 모드 실행하여 만들어지는 모습 확인하고 추가 믹서 기능 갈갈하여 입자감 낮추기

완성된 모습
(손톱 크기 소고기와 크게 썬 당근, 양배추가 안 갈렸어요.)

- 양파를 넣으니 맛과 향이 더 좋아졌어요. 양파는 물에 담가 매운맛을 따로 빼주지 않고 바로 넣었어요. 양파는 익으면 단맛이 나서 괜찮을 것 같아요.
- 크게 썬 당근 조각이나 양배추 조각이 덜 갈렸어요. 스파출라로 눌러 으깼어요. 손톱 크기의 소고기 빼고는 적당히 갈려 후기이유식으로 좋아 보여요. 먹어보니 역시 맛있어요.
- 추가 믹서 기능 갈갈 1분하여 소고기까지 갈아주어 초기이유식 완성했어요.

# NEW 무

**재료**
- 쌀 130g
- 소고기 앞다리살 덩어리 80g (손톱 크기)
- 양배추 35g
- 브로콜리 30g
- 무 75g
- 물 500g

**실행모드**
- 건강죽 모드

**완성된 양**
- 125g씩 6회분

**만드는 방법**
- 건강죽 모드 실행하여 만들어지는 모습 확인하고 추가 믹서기능 갈갈하여 입자감 낮추기
- 초기이유식의 마지막으로 중기이유식과의 연결을 위해 3회분이 아닌 6회분 만들기

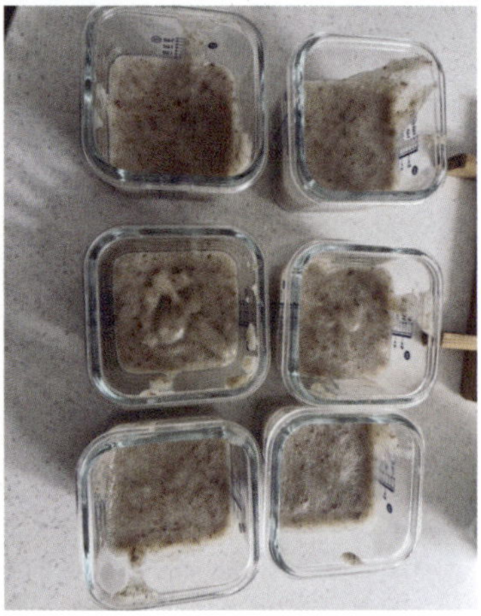

- 한 번에 3회분이 아닌 6회분을 만들기 위해 쌀, 소고기, 채소양을 모두 늘렸어요. 최소 2배 이상으로 넣고 채소는 더 넣어도 됩니다 그러면 더 맛있을 거에요.
- 건강죽 모드 실행 중에 실수로 남편이 코드 전원을 꺼서 꺼져버렸어요. 다시 처음부터 실행할까 했지만 재가열하면 바닥에 늘러붙고 탈 수 있어요. 그래서 믹서 기능 갈갈하여 입자감을 낮춘 후 냄비로 옮겨 담아 불에 저어가며 완성시켰어요. (그래서 건강죽 모드 실행 완료 직후 사진이 없습니다)
- 10분 이상 냄비로 저어가며 만드니 힘이 들고 뚜껑 없이 조리되니 증발량이 많아 꾸덕하게 완성되었어요. 두유제조기의 간편함을 느끼는 순간이었어요.
- 완성된 이유식에서 소고기 무국 향이 났어요. 소고기와 무가 만나 궁합이 좋아요 토실이도 잘 먹었어요.

# 3장. 중기이유식(7~8개월)

"입자감이 점차 커지며 다양한 재료를 접해요. 중기이유식 하루 2끼를 먹어요."

## 중기이유식에서 먹어볼 재료와 식단표&스케줄

| 시기 | 6개월 | 7~8개월 | 9~11개월 |
|---|---|---|---|
| **구분** | **초기이유식** | **중기이유식** | **후기이유식** |
| 고기 | 소고기 | 닭고기<br>생선<br>(대구살, 가자미살, 동태살)<br>새우살 | 대게살<br>돼지고기 |
| 채소 | 애호박<br>청경채<br>브로콜리<br>양배추<br>단호박<br>감자<br>당근<br>양파<br>무 | 배추<br>시금치<br>새송이버섯<br>두부<br>고구마<br>파프리카<br>적채<br>미역<br>가지<br>부추<br>아보카도<br>연근<br>우엉<br>비트 | 오이<br>표고버섯<br>팽이버섯<br>느타리버섯<br>양송이버섯<br>대파<br>쪽파<br>콩나물<br>숙주나물<br>아스파라거스<br>콜리플라워 |
| 알러지주의 | 계란 노른자<br>밤 | 땅콩<br>계란 흰자<br>밀가루<br>토마토<br>검은콩<br>완두콩 | 계란 흰자(재시도)<br>검은콩(재시도) |
| 잡곡/작물 | 오트밀 | 현미<br>수수 | 흑미<br>옥수수<br>대추 |
| 과일/간식 | 바나나<br>사과 | 귤<br>떡뻥<br>아기치즈<br>과일퓨레 | 딸기 |

※시판 냉동다짐큐브

중기이유식에서는 소고기 외에 닭고기와 생선을 새롭게 먹어보고 버섯이나 미역과 같은 새로운 재료들과 알러지 주의 재료를 먹어보았습니다. 떡뻥, 아기치즈, 과일퓨레도 주기 시작했습니다.

평상시에 집에서 먹는 식재료가 아니거나 손질이 어려운 재료(ex. 생선, 완두콩, 우엉 등)는 시중에 나온 시판 냉동다짐큐브를 구매해서 사용했습니다. 배마마, 큐브데이 2개 업체가 이유식 시판 냉동다짐큐브로 유명하고 저는 배마마에서 구매했습니다. 토핑이유식, 냄비이유식, 밥솥이유식 하시는 분들에게는 익숙하고 이미 유명한 브랜드입니다. '비타민'과 같이 먹을 일이 거의 없을 것 같은 재료는 패스했습니다

토실이가 진행한 중기이유식 스케줄입니다.

토실이는 하루 2끼 중기이유식을 먹기 시작하면서 분이분이분(분유-이유식-분유-이유식-분유) 스케줄로 분리수유하며 하루 동안 먹기 시작했습니다. 7개월에 접어들며 낮잠이 3회에서 2회로 점차 줄어들었고 보통 낮잠 1 기상 후 이유식 1을, 낮잠 2 기상 후 이유식 2를 먹었습니다.

| 시간 | | 양 |
|---|---|---|
| 8:30 | 분유 | 230ml |
| 낮잠1 | | |
| 12:30 | 이유식 | 150g |
| 14:30 | 분유 | 170ml |
| 낮잠2 | | |
| 17:30 | 이유식 | 150g |
| 20:00 | 분유 | 230ml |

토실이는 잘 먹는 아기여서 처음에 중기이유식 한 끼에 120g을 먹이니 배가 안 차는지 분유를 더 찾고 울어 양을 150g으로 늘리고 물을 마시게 하니 분리수유가 가능해졌습니다. 초기이유식 한 달 동안 빨대컵으로 물 빨아 마시는 연습을 하였더니 점차 물을 잘 빨아 마시기 시작했어요.

보통 분유수유 후 4시간 뒤 이유식, 이유식 후 2시간 뒤 분유수유를 한다고 합니다.
토실이는 하루 총 수유량 630ml + 이유식 300g으로 900 넘게 먹었어요.

중기이유식 식단표입니다.
#빨간우산 #두유제조기 #중기이유식 #식단표 #하루2끼 #6끼슬라이딩 #7개월 #8개월

| D+ | 날짜 | 구분 | 고기 | 채소 | New | 먹은양/특이사항 |
|---|---|---|---|---|---|---|
| 210 | 4/6 | 오전 | 소고기 | 애호박양파배추 | 배추 | |
| | ~8 | 오후 | 소고기 | 양파무 | 무 | 초기이유식 마지막과 연결 |
| 213 | 4/9 | 오전 | 닭고기 | 당근브로콜리 | 닭고기 | |
| | ~11 | 오후 | | | 배추 | |
| 216 | | 오전 | 소고기 | 단호박양파검은콩 | 검은콩 | |
| | | 오후 | | | 닭고기 | |
| 219 | | 오전 | 닭고기 | 양파배추시금치 | 시금치 | |
| | | 오후 | | | 검은콩 | |
| 222 | | 오전 | 소고기 | 양파당근단호박현미 | 현미 | |
| | | 오후 | | | 시금치 | |
| 225 | | 오전 | 소고기 | 양파감자새송이 | 새송이버섯 | |
| | | 오후 | | | 현미 | |
| 228 | | 오전 | 닭고기 | 양파단호박수수 | 수수 | |
| | | 오후 | | | 새송이버섯 | |
| 231 | | 오전 | 생선 | 양파단호박새송이시금치 | 대구살 | |
| | | 오후 | | | 수수 | |
| 234 | | 오전 | 닭고기 | 수수양파부추 | 부추 | |
| | | 오후 | | | 대구살 | |
| 237 | | 오전 | 소고기 | 양파새송이미역 | 미역 | |
| | | 오후 | | | 부추 | |
| 240 | | 오전 | 소고기 | 양파단호박현미적채 | 적채 | |
| | | 오후 | | | 미역 | |
| 243 | | 오전 | 닭고기 | 양파시금치새송이수수연근 | 연근 | |
| | | 오후 | | | 적채 | |
| 246 | | 오전 | 소고기 | 양파새송이수수가지 | 가지 | |
| | | 오후 | | | 연근 | |
| 249 | | 오전 | 생선 | 양파시금치새송이현미 | 가자미살 | |
| | | 오후 | | | 가지 | |
| 252 | | 오전 | 닭고기 | 양파적채현미우엉 | 우엉 | |
| | | 오후 | | | 가자미살 | |
| 255 | | 오전 | 생선 | 양파양배추부추현미 | 동태살 | |
| | | 오후 | | | 우엉 | |
| 258 | | 오전 | 소고기 | 단호박양배추현미비트 | 비트 | |
| | | 오후 | | | 동태살 | |
| 261 | | 오전 | 소고기 | 배추파프리카 | 파프리카 | |
| | | 오후 | | | 비트 | |
| 264 | | 오전 | 해산물 | 양배추새우살 | 새우살 | 9개월 이후 권장 |
| | | 오후 | | | 파프리카 | |
| 267 | | 오전 | 닭고기 | 양배추청경채단호박두부 | 두부 | |
| | | 오후 | | | 새우살 | |

중기이유식 하루 2끼는 서로 다른 메뉴로 구성하기 위해 간편한 슬라이딩 방식을 사용했습니다. 두유제조기로 한 번에 150g씩 6회분 만들어서 앞 3일의 이유식 1로, 뒤 3일의 이유식 2로 활용하는 것입니다.

아래 그림과 같이 한 가지 메뉴를 6일 동안 1회씩 먹으면서 앞 3일은 오전(이유식1) New 재료 알러지 테스트용으로, 뒤 3일은 오후(이유식2) 끼니로 활용합니다.

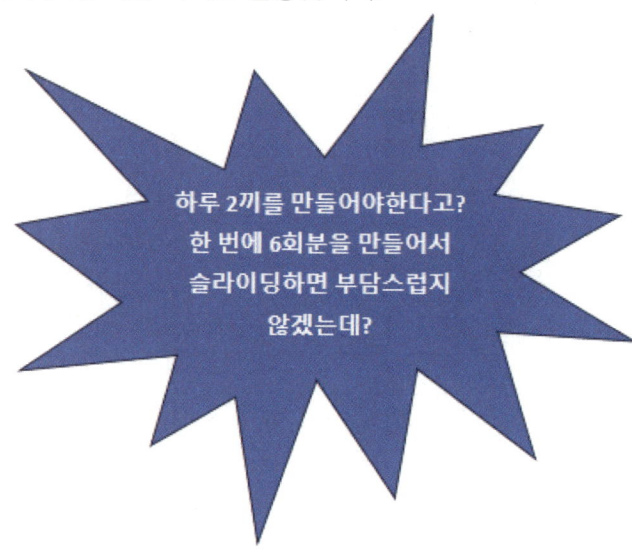

| D+ | 210 | 211 | 212 | 213 | 214 | 215 | 216 | 217 | 218 | 219 | 220 | 221 |
|---|---|---|---|---|---|---|---|---|---|---|---|---|
| 이유식1 오전(New) | 배추 | | | 닭고기 | | | 검은콩 | | | New | | |
| 이유식2 오후 | 무 | | | 배추 | | | 닭고기 | | | 검은콩 | | |

초기이유식 때와 마찬가지로 3일에 한 번씩 두유제조기로 중기이유식을 만들고 한 번에 3회분이 아닌 6회분을 만들면 됩니다. 간편하죠.

한 번에 만드는 양만 늘리면 되기 때문에 더 자주 만들 필요가 없습니다. 첫 일주일간 만들어보고 나면 감을 익힐 수 있고 생각보다 할만합니다. 초기이유식 때와 동일하게 3일에 한 번 두유제조기로 New 재료 넣고 6끼치를 만들면 되기 때문에 하루에 이유식 먹이는 횟수만 2번으로 늘어나고 만드는 수고로움은 더 늘어나지 않습니다. New 재료는 그때그때 상황에 따라 변경하기도 하고 구하기 쉬운 재료나 장보기 할 때 제철 재료가 있으면 구매해서 만들었습니다.

위 그림으로 예시를 들면, D+210에 New 배추를 넣고 6끼 만들고 3일 뒤 D+213에 New 닭고기를 넣고 6끼 만들어 슬라이딩합니다.

※큐브와 밥솥칸막이를 활용하여 밥솥이유식을 한다면 시중 이유식 책에 나온 중기이유식 식단표처럼 3일마다 2끼 모두 새로운 메뉴로 계속 바꿔줄 수 있을 것입니다. 두유제조기로 하루에 두 번씩 만들면 그렇게도 가능하겠지만 저는 시간과 체력을 아끼기 위해 그렇게 하지 않고 한 가지 메뉴를 하루 1끼씩 6일에 걸쳐서 먹였습니다. 다행히 토실이가 질려하거나 거부하는 일 없이 잘 먹어주었습니다. 어찌 되었든 하루 2끼는 서로 다른 메뉴이니까요.

아래 사진과 같이 하루 2끼 서로 다른 메뉴 중기이유식은 냉장 보관하고 전자레인지 조리하여 아기에게 먹이면 됩니다. 다음 날의 2번째 끼니는 하루 전에 냉동실에서 냉장실로 옮겨 해동합니다. 보통 자기 전에 냉장실에서 내일 먹일 이유식을 확인합니다.
식단표를 냉장고에 붙여 참고하며 이유식을 만들고 아기가 먹은 양을 적었습니다.

중기이유식 하루 2끼 냉장 보관

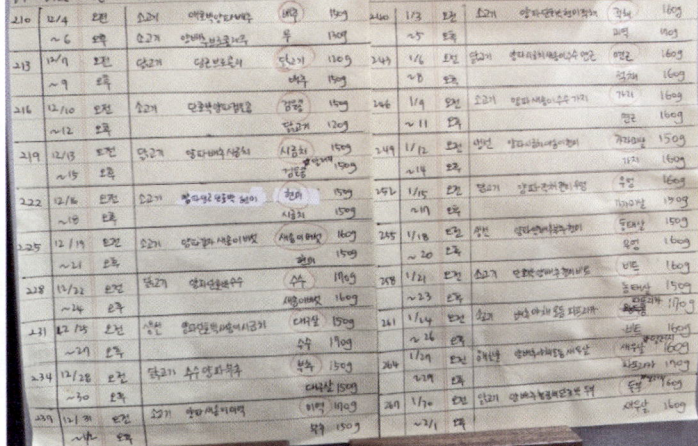
중기이유식 식단표 작성 예시

## 두유제조기 중기이유식 준비물

초기이유식 준비물 외에 중기이유식에서 구매한 준비물을 소개하겠습니다.

-곡물 알러지 테스트를 위한 수수, 현미 가루 (아이보리, 중기입자크기)
중기이유식에서는 잡곡류를 먹이면 좋다고 하여 아이보리 브랜드에서 현미와 수수 중기이유식 입자용으로 구매했습니다. 일반 쌀알의 ½ ~ ⅓ 정도의 입자 크기이고 소화가 어려운 잡곡을 작은 크기로 쪼개놓아서 아기가 소화하기에도 좋아 보입니다. 세척되어 나와서 따로 물에 씻지 않고 바로 사용해도 되어 간편해요. 냉동 보관하면 되고 물에 미리 불리지 않고 바로 두유제조기에 넣어도 됩니다.

-냉동 무항생제 닭가슴살 다짐육
하림 무항생제 닭가슴살 다짐육(2단계)을 구매했습니다. 50g씩 6구 소분되어 있고 한 번에 2구(100g)씩 넣어 중기이유식 6끼 만들었습니다. 이유식을 만드는데에 있어 간편함이 가장 중요하기 때문에 닭가슴살도 다짐육으로 구매하여 바로 두유제조기에 넣어 만들었어요. 닭가슴살보다 조금 더 부드러운 닭안심 다짐육도 있습니다.

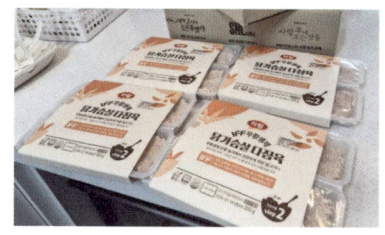

-과일퓨레와 아기치즈
과일퓨레는 아기 간식으로 구매했습니다. 이유식으로 응가 힘들어할 때 먹이면 좋을 것 같아서 프룬&사과 퓨레로 구매했어요. 후기이유식에서 오트밀포리지에 함께 줄 과일퓨레로도 활용할 수 있어요. 남양 맘스쿠킹 퓨레 제품으로 구매했고 뚜껑&짜먹는 파우치형이라 먹을 만큼만 덜어낼 수 있어 위생적 보관이 가능해서 마음에 들었어요. 남양 드빈치 아기치즈 (1단계 6~18개월)는 이유식에 같이 올려 리조또처럼 만들어주어도 좋을 것 같아 구매했습니다. 아기가 밥태기 왔을 때 이기치즈를 올려주면 크리미하고 고소해서 좀 더 잘 먹습니다.

-땅콩 알러지 테스트를 위한 유기농 땅콩버터
중기이유식에서 진행할 땅콩 알러지 테스트를 위해 그리고 어른이 먹을 용으로 올가 브랜드에서 유기농 땅콩버터를 구매했습니다. 고소하고 맛있어요. 크런치, 크리미 2가지 타입이 있는데 아기에게 먹일 용도로는 크리미 타입을 추천합니다. 크런치 타입은 땅콩 입자가 섞여 있어서 아기에게 먹일 때는 땅콩 입자는 빼고 땅콩 국물만 먹이면 됩니다.

-시판 냉동다짐큐브

대구, 가자미 같은 생선이나 새우, 대게살 같은 해산물 그리고 완두콩, 비트, 미역 등 재료 손질이 어려운 재료들은 배마마 브랜드에서 시판 냉동다짐큐브를 구매하여 사용했습니다. 바로 두유제조기에 넣어서 사용하면 되니 간편합니다.

곱게다진-중간다진-굵게 다진 타입이 있고 재료에 따라 곱게다진만 있는 게 있어서 잘 살펴보고 구매했습니다. 굵게 다진 타입이 있으면 굵게 다진을 디폴트로 구매하고 굵게 다진 타입이 없으면 중간다진, 중간다진도 없으면 곱게다진으로 선택해서 구매했어요. 얼음팩 신선 배송으로 주문 다음날 바로 도착해서 마음에 들었습니다.

아래는 제가 구매한 시판 냉동다짐큐브이며 각 재료별로 최대한 입자감 굵은 타입으로 선택해서 구매했습니다. 참고하시기 바랍니다.
- 수산세트(대구, 가자미, 새우, 붉은대게) + 동태큐브 단품
- 부추, 완두콩, 아보카도, 비트, 미역, 적채, 가지, 연근, 우엉

고운 쌀가루는 나중에 간식 만들 때 쓸 수도 있을 것 같아서 함께 구매했어요.

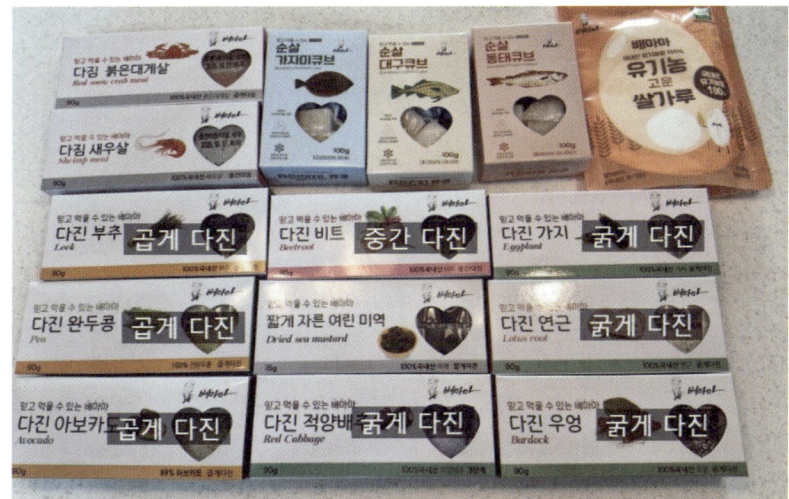

몇 가지 열어 살펴볼게요. 토핑이유식하시는 분들은 15g씩만 사용할 수 있으니 좋은 것 같네요.

새우살(중간다진) 15g씩 6구 총 90g

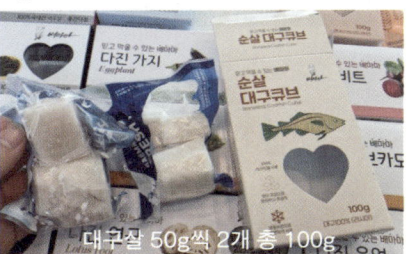

대구살 50g씩 2개 총 100g

배마마 수산세트에는 대구살, 가자미살, 새우살, 붉은 대게살이 포함되어 있고 동태큐브만 단품으로 추가 구매하면 좋습니다.

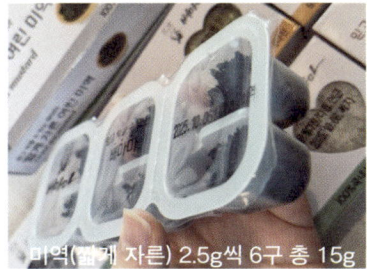

미역(잘게 자른) 2.5g씩 6구 총 15g

껍질 벗겨져 나온
완두콩(곱게다진) 15g씩 6구 총 90g

여기까지 제가 구매한 중기이유식에 필요한 준비물을 소개하였어요. 냉동실에 아래 사진과 같이 보관하고 있습니다.

# 두유제조기로 만드는 중기이유식 추천 레시피

중기이유식에서는 농도가 점차 되직해지고, 입자가 점점 커지는 형태의 죽을 만들어요. 두유제조기의 믹서 기능을 사용해 만들 것이고 중기이유식 후반부로 진행될수록 믹서 갈갈하는 시간이 총 10초, 7초, 5초, 2초로 이런 식으로 점점 줄어들며 입지감을 올려주었습니다.

두유제조기로 초기이유식을 만들어보았다면 어렵지 않게 할 수 있습니다. 초기이유식과는 달리 한 번에 만드는 양이 늘어나면서 처음에는 농도, 입자감 조절에 시행착오가 있을 수 있습니다. 첫 일주일동안 만들어보면 감이 오실 거에요.

| 구분 | 초기이유식 | 중기이유식 | 후기이유식 |
|---|---|---|---|
| 시기 | 6개월 | 7~8개월 | 9~11개월 |
| 하루 이유식 횟수 | 하루 1끼 | 하루 2끼 | 하루 3끼 |
| 한 끼 기준 소고기 섭취량 | 10~15g | 10~15g | 15~20g |
| 이유식 만드는 텀 | 3일 | 3일 | 3~6일 |
| 레시피 | *총 3회분 기준<br>쌀 50g,<br>오트밀 가루 5g (숟가락 1 큰 술),<br>다짐육 소고기 30~40g,<br>채소 1 15~30g,<br>채소 2 15~30g,<br>물 210g을<br><br>두유제조기에 한 번에 모두 넣고 고운죽 모드 실행 | *총 6회분 기준<br>쌀 140g,<br>오트밀 가루 5g (숟가락 1 큰 술),<br>다짐육 소고기/닭고기 80~100g,<br>채소 2~3가지 합해서 140g,<br>물 600g을<br><br>두유제조기에 한 번에 모두 넣고 이유식 모드 실행, 완료 후 원하는 입자감이 나올 때까지 믹서 기능으로 갈갈하면 완성 | *총 6회분 기준<br>쌀 160g,<br>오트밀 가루 5g (숟가락 1 큰 술),<br>다짐육 소고기/닭고기 100g,<br>채소 2~3가지 합해서 160g,<br>물 600g을<br><br>두유제조기에 한 번에 모두 넣고 이유식 or 건강죽 모드 실행, 완료 후 필요시 믹서 기능으로 짧게 갈갈하면 완성 |
| 완성양 | 90~100g씩 3회분 완성 | 150g씩 6회분 완성 | 160g씩 6회분 완성 |

빨간우산 두유제조기 이유식 추천 레시피

중기이유식으로 넘어오면 잘 먹는 아기들은 한 끼에 150g 이상을 먹기도 합니다. 그래서 초기이유식 재료양의 2배가 아닌 그 이상을 넣어야 150g씩 6회분을 만들 수 있습니다. 그렇다 보니 한 번에 쌀을 120g 이상 넣어 6끼를 만들면 물양이 더욱 중요해집니다. 물이 너무 적어도 많아도 안 됩니다. 경험상 쌀 140g에 물 600~650ml 정도가 딱 좋습니다. 쌀양의 최소 약 4배 정도의 물이 필요하다고 보면 됩니다. 되직하면 추후에 먹일 때 농도 수정하면 됩니다.

혹시 계량 실수하거나 예상과 다르게 만들고 나니 물이 조금 많은 것 같아서 묽은 죽이 걱정될 수 있습니다. 냉장/냉동 보관하면서 수분이 어느 정도 날아가 꾸덕해지기 때문에 너무 묽은 게 아니라면 걱정하지 않아도 됩니다. 혹시 너무 묽어서 아기가 먹기 어려울 정도로 국이 되었다면 된밥을 넣고 믹서 갈갈하여 되직하게 만들어주세요.

참고로, 중기이유식부터는 6회분 만들 때 쌀 140g 정도 넣으면 마이아 제품 기준 건강죽 모드가 아닌 이유식 모드로 실행했을 때 후기이유식 정도의 죽이 완성됩니다. 여기서 추가로 믹서 기능 갈갈해서 입자감 낮추는 방식으로 중기이유식을 만들게 됩니다.

쌀 50g 정도 넣어 초기이유식 3회분 적은 양 만들 때는 이유식 모드를 실행하여 완성된 죽을 확인해보면 후기이유식이라 하기에는 더 많이 갈리는 느낌이에요. 중기이유식에 가깝습니다. 그런데 한 번에 6끼양을 만드는 중기이유식에서는 재료양이 많아지면서 이유식 모드로 실행해야 후기이유식 정도의 죽이 완성됩니다. 재료양을 많이 넣고 건강죽 모드로 실행하면 거의 갈리지 않게 되면서 마치 밥솥에서 찌기만 한 것처럼 될 수 있습니다. 양이 많으니 실행 중에 믹서 기능 갈갈은 충분히 되지 않고 타지 않게 저어주기만 할 수 있습니다.

다시 말해, 재료양을 많이 넣을 때 건강죽 모드를 실행한다면 재료를 꽤 다져 넣어야 합니다. 그렇게 되면 손이 많이 가서 번거로우니 건강죽 모드가 아닌 이유식 모드로 실행하여 6끼양의 후기이유식을 만들 수 있고 추가로 믹서 기능 갈갈하여 중기이유식으로 입자감을 낮추면 됩니다. 재료양이 많아지면 믹서 기능 갈갈이 더 필요하기 때문에 건강죽 모드보다 더 갈아주는 이유식 모드를 실행해야 후기이유식이 완성되는 것입니다. 쌀양을 많이 넣기 때문에 밥알이 적당하게 살아있어요.

채소는 쌀양과 비슷하거나 조금 더 넣는 게 좋은 것 같습니다. (쌀, 채소 모두 140~160g 내외) 그 이상은 제가 사용 중인 마이아 두유제조기 제품 기준으로 제조 용량을 넘어설 수 있습니다.

# [하루 2끼] 두유제조기로 중기이유식 6끼 만들기

이제부터 소개할 내용은 제가 두유제조기로 한 번에 6끼 중기이유식을 만들며 앞 페이지에서 소개한 두유제조기 중기이유식 추천 레시피를 찾아가는 과정입니다. 초기이유식과는 달리 한 번에 많은 양을 만들면서 시행착오를 겪었습니다.

각 메뉴를 만드는 과정과 결과물을 통해 두유제조기로 한 번에 중기이유식 6끼 만드는 레시피를 확인하시고 응용하시기를 바랍니다.

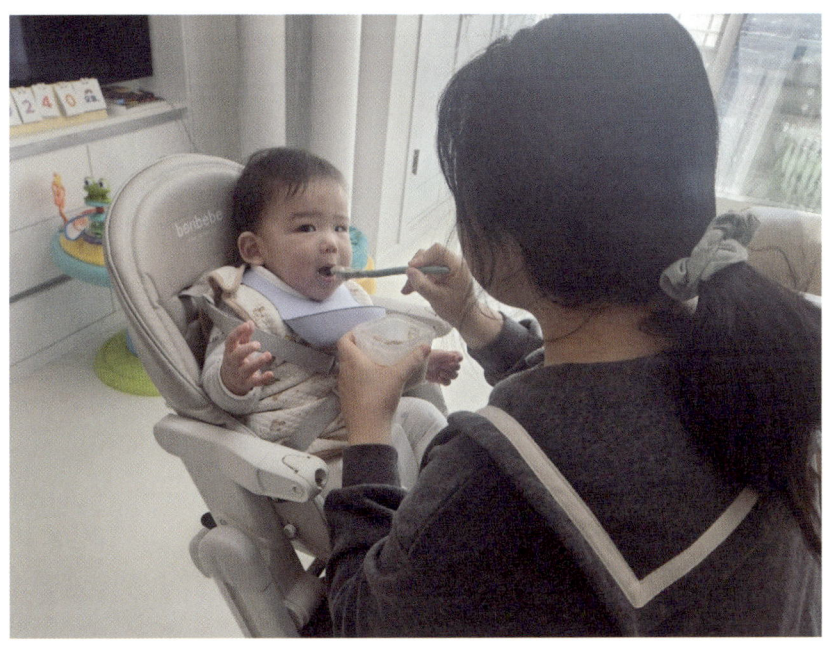

들어가기에 앞서 아래 QR코드를 통해 두유제조기로 중기이유식 만드는 영상을 먼저 보시면 이해가 더욱 쉬울 거에요.

[중기]시금치닭고기죽

[중기]새송이버섯죽

### ☂ 처음 죽이 완성된 후 입자감 낮추는 과정

1. 처음 죽이 완성되면 뚜껑 열고 스파출라로 전체적으로 잘 섞어준다.
2. 뚜껑 닫고 믹서 기능 2~3초 실행한 후 뚜껑 열면 믹서 작동 멈추게 되고 스파출라로 섞어가며 입자감 확인한다.
3. 스파출라로 위아래 죽을 섞어준 후 다시 뚜껑 닫고 필요한 만큼 추가로 n초 더 믹서 갈갈한다.

*20~30초 이내로 뚜껑 다시 닫아주면 믹서 버튼 다시 누를 필요 없이 믹서가 이어서 진행되어 편리합니다.
(마이아 제품 기준)

4. 2~3번 과정을 필요한 입자감이 골고루 나올 때까지 반복하여 원하는 죽을 완성한다.

# NEW 배추

**재료**
- 쌀 120g
- 오트밀가루 5g(1숟가락)
- 소고기 다짐육 80g
- 애호박 45g
- 양파 60g
- 배추 130g
- 물 700g

**실행모드**
- 이유식 모드

**완성된 양**
- 150g씩 6회분

**만드는 방법**
- 두유제조기에 재료와 물을 함께 넣고 이유식 모드 실행

이유식 모드 완료 후 모습
(물이 너무 많아요)

된밥을 넣어요

된밥 넣고 믹서 갈갈하여
중기이유식 완성

- 이유식 모드 완료 후 뚜껑을 열어보니 흐르는 물이 되었어요. 물도 많이 넣고 수분이 많은 재료인 배추도 너무 많이 넣었기 때문이에요. 보통 완성되면 위에 물이 뜨고 스파출라로 골고루 잘 섞어주면 적당한 농도의 죽이 되는데 이번에는 물이 많아도 너무 많아서 흐르는 스프 같았어요. 급하게 전기밥솥에 된밥을 지어서 100g 정도 넣고 믹서 기능으로 갈갈해서 점도가 있는 죽을 완성했어요.
  ※Tip 물이 너무 많을 때는 된밥을 넣어서 갈갈해 주세요.

- 만들자마자 낮잠에서 깬 토실이에게 바로 먹여보았는데 다행히 잘 먹어주었어요.

# NEW 닭고기

### 재료
- 쌀 120g
- 오트밀가루 5g(1숟가락)
- 닭고기 다짐육 80g
- 당근 55g
- 브로콜리 30g
- 물 620g

### 실행모드
- 건강죽 모드

### 완성된 양
- 120g씩 6회분

### 만드는 방법
- 건강죽 모드 실행하여 만들어지는 모습 확인하고 추가 믹서 기능 갈갈하여 입자감 낮추기

믹서 갈갈 전과 후 비교

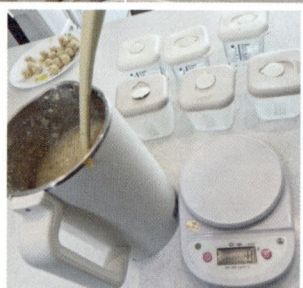

- 쌀과 채소양이 많아지면서 건강죽 모드로 실행하니 크게 썰은 당근 같은 채소는 잘 갈리지 않는 것 같아요. 스파출라로 섞어보니 내용물 양이 많아지면서 위에 떠 있던 당근은 잘 갈리지 않고 밑에 있는 당근은 잘 갈린 것 같아요.
- 믹서 기능 총 10초 갈갈하여 중기이유식 입자감으로 낮춰주었어요. 갈갈하기 전에 건강죽 한 스푼 떠 놓은 것과 비교해 보면 입자감이 차이가 나요. 갈갈하면서 당근 주황빛으로 물들었어요.
- 토실이는 이제 한 끼에 150g 정도 먹기 때문에 재료양을 더 늘려야 할 것 같아요.
- 닭고기 첫 시도인데 토실이가 맛있게 잘 먹었어요.

# NEW 검은콩

**중기3**

**재료**
- 쌀 150g
- 오트밀가루 5g(1숟가락)
- 소고기 다짐육 80g
- 검은콩 50g
- 양파 95g
- 단호박 60g
- 물 620g

**실행모드**
- 건강죽 모드

**완성된 양**
- 150g씩 6회분

**만드는 방법**
- 건강죽 모드 실행하여 만들어지는 모습 확인하고 추가 믹서 기능 갈갈하여 입자감 낮추기

- 냉동 소고기 다짐육은 물에 5분 정도 담가 핏물을 살짝 빼주며 물에서 해동시켜 주었어요. 검은콩은 10분 정도 물에 담가 불렸어요. 오래 불릴수록 좋아요.
- 쌀과 채소양이 많아지면서 건강죽 모드로 실행하면 재료들이 잘 갈리지 않는 것 같아요.
- 양파와 콩이 잘 갈리지 않았어요. 콩은 잘 갈리지 않으면서 속까지 다 익지 않은 느낌이 들었어요. 콩을 집어 먹었을 때 푹 익은 느낌이 아니고 조금 딱딱했어요.
- 믹서 기능 15초 정도 갈갈하여 입자감을 낮추었어요. 검은콩이 분쇄되면서 팥죽색이 되었네요.
- 검은콩이 익지 않은 느낌이 찝찝하여 먹이기 전에 전자레인지에 2분 조리하여 뜨겁게 익힌 후 충분히 식혀서 아기에게 먹였어요.
- 검은콩죽을 먹고 토실이가 알러지 반응이 있었어요. 턱 주변과 엉덩이 쪽에 발진이 있었는데 심하지 않아서 따로 병원을 가진 않았어요. 검은콩 껍질이 알러지가 잘 난다고 해요. 아기마다 다르니 반응을 잘 지켜보면 좋을 것 같아요.

# NEW 시금치

**재료**
- 쌀 140g
- 오트밀가루 5g(1순가락)
- 닭고기 다짐육 80g
- 시금치 60g
- 양파 20g
- 배추 30g
- 물 620g

**실행모드**
- 이유식 모드

**완성된 양**
- 150g씩 6회분

**만드는 방법**
- 이유식 모드 실행하여 만들어지는 모습 확인하고 추가 믹서 기능 갈갈하여 입자감 낮추기

완성된 모습 / 믹서 기능 10초 갈갈 후

- 우측 상단 QR코드를 통해 시금치닭고기죽 만드는 영상을 참고하세요.
- 시금치는 줄기 부분을 잘라내고 이파리만 사용했어요. 가장 좋은 채소 세척 방법은 물에 5분간 담가놓는 것이라고 해요. 재료 손질하면서 5분 정도 물에 담가놓고 두유제조기에 넣기 전에 거름망에 올려 흐르는 물에 씻어서 넣어주었어요.
- 적은 양을 만들었던 초기이유식 때와 다르게 쌀이 120g 정도 넘어가니 이유식모드로 실행하면 채소는 적당히 잘 갈리면서 쌀은 밥알이 살아있어 후기이유식 정도로 좋아 보여요.
- 믹서 기능 10초 갈갈하여 중기이유식 입자감으로 만들어 주었어요.

## 중기5

# NEW 현미

**재료**
- 쌀 140g
- 오트밀가루 5g(1숟가락)
- 소고기 다짐육 80g
- 현미가루 50g
- 당근 50g
- 단호박 70g
- 양파 110g
- 물 620g

**실행모드**
- 이유식 모드

**완성된 양**
- 150g씩 6회분

**만드는 방법**
- 이유식 모드 실행하여 만들어지는 모습 확인하고 추가 믹서 기능 갈갈하여 입자감 낮추기

재료를 너무 많이 넣었어요

갈리지 않고 그대로 익었어요

끓인 물 부어줬어요

죽을 적신 후

믹서 기능 10초 갈갈 후

- 중기현미가루는 외출 전에 미리 물에 불려놓았어요. 쪼개놓은 현미가루이니 바로 사용해도 되지만 첫 시도이니 잡곡은 소화가 어려울 수 있을 것 같아 불렸어요.
- 시행착오가 있었던 현미죽, 재료를 많이 넣었더니 물이 넘치려고 하며 뚜껑 닫기가 어려웠어요. 채소를 많이 넣었으니 채수가 나오겠지하며 물을 200g 정도 버린 후 여유 있게 뚜껑 닫고 이유식 모드 실행했어요.
- 그 결과 밥솥에 한 밥처럼 갈리지 않고 그대로 익었어요. 재료는 모두 익었지만 너무 되직해서 믹서가 갈갈할 수 있는 여유가 없었어요. 두유제조기는 가열 과정이 먼저 있고 난 뒤에 죽 모드 실행에 들어가는데 앞선 가열 과정에서 이 많은 쌀과 채소들이 물이 부족한 빽빽한 상태로 익으면서 믹서 기능이 돌아갈 여유 없이 익어 제자리에서 굳어진 게 아닐까 싶어요. 쌀에 현미 50g까지 추가했으니 더 되직해질 수밖에요. 물을 좀 더 넣어도 모자랄 텐데 200g이나 버리고 400g의 물로 이 많은 재료를 넣고 죽을 만들려니 이렇게 되었네요. 이 상태로 믹서 기능 실행하였더니 퍽퍽해서 돌아가지 않고 두유제조기가 고장 날 것처럼 굉음과 함께 연기가 나려고 했어요. 놀라서 전원을 끈 후 끓인 물을 죽이 잘 저어질 만큼 200g 정도 넣고 죽을 적셔서 믹서 기능 실행하니 그제야 믹서가 돌아갔어요.
- 믹서 기능 끊어가며 총 10초 갈갈하여 중기이유식 완성했어요.

# NEW 새송이버섯

### 재료
- 쌀 150g
- 오트밀가루 5g(1숟가락)
- 소고기 다짐육 80g
- 양파 60g
- 감자 30g
- 새송이버섯 130g
- 물 620g

### 실행모드
- 이유식 모드

### 완성된 양
- 160g씩 6회분

### 만드는 방법
- 이유식 모드 실행하여 만들어지는 모습 확인하고 추가 믹서 기능 갈갈하여 입자감 낮추기

완성된 모습

골고루 섞어준 후

믹서 기능 5초 갈갈 후
(후기이유식 입자감)

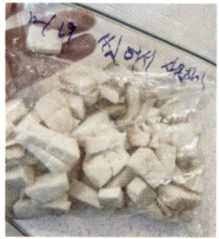

- 우측 상단 QR코드를 통해 새송이버섯죽 만드는 영상을 참고하세요.
- 새송이버섯을 많이 넣어 뚜껑을 아슬아슬하게 닫았어요. 가열 과정에서 물이 뚜껑 위로 올라왔고 휴지로 닦아내니 다행히 더 올라오진 않았어요. 한계치까지 넣은 것이 아니까 싶어요. 재료를 많이 넣고 그에 비해 물이 적어 믹서 기능이 돌아갈 여유가 없으면 이렇게 재료가 골고루 잘 갈리지 않는 것 같아요. 믹서 5초 정도 잠깐 갈갈해 주니 후기이유식 입자감이 나왔어요. 버섯이 딱딱한 재료는 아니어서 잠깐만 갈갈해 주어도 분쇄돼요. 추가로 믹서 기능 10초 갈갈해 주어 중기이유식 완성했어요. 새송이버섯을 많이 넣어 또 시행착오를 겪었네요.
- 남은 새송이버섯은 물 묻히지 않고 깍뚝 썰어 냉동 보관했어요. 새송이버섯 많이 넣은 결과, 믹서가 잘 돌아가지 않으면서 바닥에 조금 늘러붙었어요. 닦아내니 잘 지워졌어요.
- D+226 에는 새송이버섯죽에 땅콩 토핑 같이 해서 #땅콩알러지테스트 했어요. 유기농 땅콩버터에 끓인 물 부어 녹이고 땅콩 알갱이는 걷어내고 땅콩 국물 위주로 떠먹였어요. 알러지 반응은 없었어요.

# NEW 수수

**중기7**

### 재료
- 쌀 135g
- 닭고기 다짐육 100g
- 수수가루 50g
- 양파 90g
- 단호박 45g
- 물 620g

### 실행모드
- 이유식 모드

### 완성된 양
- 170g씩 6회분

### 만드는 방법
- 이유식 모드 실행하여 만들어지는 모습 확인하고 추가 믹서 기능 갈갈하여 입자감 낮추기

완성된 모습 / 골고루 섞어준 후 / 믹서 기능 10초 갈갈 후

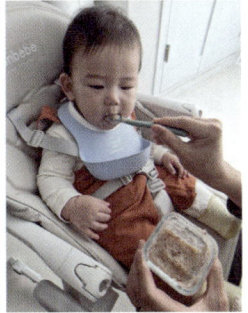

- 중기수수가루는 미리 물에 불려 놓았어요. 냉동 닭가슴살 다짐육은 해동 없이 냉동실에서 꺼내서 바로 넣었어요. 그 결과 맨 처음 가열 단계에서 큐브 모양 그대로 익어 잘 풀어지지 않은 것 같아요. 다 익어서 상관없겠지만 다음부터는 물에 5분 정도 먼저 담가 풀어놓거나 하루 전날 냉장실에 올려놓아 해동해서 넣는 것이 더 좋을 것 같아요. 물론 믹서 기능으로 갈갈 할 것이라 상관은 없지만요. 양파는 둥둥 떠서 잘 갈리지 않은 것 같아요.
- 믹서 기능으로 끊어가며 총 10초 갈갈하여 중기이유식 완성했어요. 수수 색이 예쁘네요.

# NEW 대구살

### 재료

- 쌀 150g
- 오트밀가루 5g(1숟가락)
- 대구살 50g
- 현미가루 20g
- 양파 30g
- 단호박 55g
- 새송이버섯 20g
- 시금치 30g
- 물 620g

### 실행모드

- 이유식 모드

### 완성된 양

- 150g씩 6회분

### 만드는 방법

- 이유식 모드 실행하여 만들어지는 모습 확인하고 추가 믹서 기능 갈갈하여 입자감 낮추기

냉동 대구살 큐브는 50g 1팩을 하루 전에 냉동실에서 냉장실로 올려 해동해 두었고 물에 살짝 담가둔 후 두유제조기에 넣었어요. 대구살은 시금치, 단호박과 조합이 좋다고 해요.
※생선의 경우, 수은 함량으로 일주일에 생선 섭취량이 50g을 넘기지 않는 게 좋다고해요. 그래서 6일에 걸쳐 먹을 대구살죽을 만들기 위해 50g짜리 1팩만 사용하였어요. 처음에는 1끼에 생선 양이 너무 적을까, 100g 모두 넣을까 했지만 일주일에 50g 섭취 권장에 맞춰 1팩 50g만 사용했어요.

- 시금치째로 냉동한 것을 물에 담가둔 후 이번에는 꼭지만 잘라내고 줄기까지 함께 사용했어요. 흐르는 물에 씻어서 째로 두유제조기에 넣었어요. 냉동실에 있는 채소들 조합해서 넣었어요.
- 완성되어 뚜껑을 열어보니 대구살, 시금치, 새송이버섯, 양파가 떠다니고 스파출라로 잘 섞어주니 아랫부분들은 채소들이 갈렸는데 윗부분은 잘 갈리지 않은 것 같아요. 중간에 뚜껑을 열어서 위아래 한 번 섞어주면 좀 더 나을 것 같긴 해요. 대구살은 누르면 으깨졌어요.
- 믹서 갈갈 총 10초 갈갈하여 중기이유식 완성했어요. 대구살이 50g밖에 안 되어서 양을 채우려고 채소도 여러 종류 많이 넣었어요. 쌀을 많이 넣어서 그런지 상당히 꾸덕해요. 먹일 때 뜨거운 물 조금 넣어 먹여도 좋을 것 같아요.
- D+232에는 아기치즈 1/3장을 대구살죽 위에 올려 리조또처럼 만들어 주었어요. 크리미하고 고소한지 치즈를 처음 먹어본 토실이 반응이 좋았어요. 치즈를 토핑처럼 따로 떠주기도 하고 죽과 섞어 리조또 느낌으로도 주었는데 모두 좋아했어요.
- D+233에는 대구살죽에 밀가루 한 스푼 넣고 전자레인지로 데워서 잘 섞어준 후 #밀가루알러지테스트를 했어요. 꾸덕해지니 따뜻한 물 조금 넣어주었어요. 알러지 반응은 없었어요.

# NEW 부추

### 재료
- 쌀 150g
- 오트밀가루 5g(1숟가락)
- 닭고기 다짐육 100g
- 수수가루 15g
- 양파 40g
- 부추 60g
- 물 620g

### 실행모드
- 이유식 모드

### 완성된 양
- 150g씩 6회분

### 만드는 방법
- 이유식 모드 실행하여 만들어지는 모습 확인하고 추가 믹서 기능 갈갈하여 입자감 낮추기

  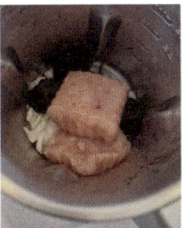  

완성된 모습 / 골고루 섞어준 후 / 믹서 기능 10초 갈갈 후

 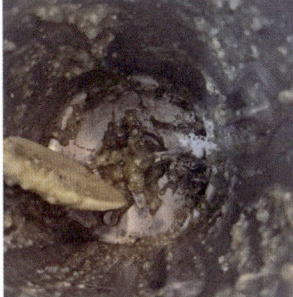  
계란 노른자

- 부추는 소고기와 궁합이 나쁘다고 하니 닭고기를 사용하세요. 냉동실에 있던 닭가슴살 다짐육과 부추 큐브(곱게 다진)는 사용할 만큼 떼서 하루 전에 냉장실에 올려 해동해 두고 바로 두유제조기에 넣었어요. 수수가루도 물에 불리지 않고 바로 넣었어요. 세척되어 나오니 바로 사용할 수 있어서 간편하고 불리지 않아도 잘 익어요.
- 완성된 모습을 보니 부추가 잘 퍼져서 색이 예쁘고 곱게다진이라 그런지 부추 입자도 거의 없어 보였어요. 믹서 기능 10초 갈갈하여 중기이유식 완성했어요.
- 두유제조기 바닥이 조금 늘러붙어 탔네요. 스탠 소재는 늘러붙음이 아예 없을 수는 없는 것 같고 세척만 좀 힘줘서 하면 지워지니 못 할 정도는 아닌 것 같아요.
- 어른 먹을 계란 삶으면서 아기에게도 함께 주었어요. 계란 노른자 고소하고 포만감이 있어서 아기가 배고파할 때 가끔 함께 주면 좋아요. 계란 흰자 테스트는 나중에 해볼게요.

## NEW 미역

**재료**
- 쌀 160g
- 소고기 다짐육 100g
- 새송이버섯 35g
- 양파 95g
- 미역 5g
- 물 620g

**실행모드**
- 이유식 모드

**완성된 양**
- 170g씩 6회분

**만드는 방법**
- 이유식 모드 실행하여 만들어지는 모습 확인하고 추가 믹서 기능 갈갈하여 입자감 낮추기

미역 건져냈어요 / 끓어넘쳤어요

완성된 모습

골고루 섞어준 후

믹서 기능 10초 갈갈 후

- 짧게 자른 미역 큐브 4구(10g) 물에 불리고 소고기도 많이 넣고 싶어 평소 80g(4개)보다 1개 더 해서 100g 넣었어요. 물에 담가 잠깐 핏물 빼주었어요. 그런데 미역이 점점 불어나더니 양이 많아져서 뚜껑 닫기가 힘들었어요. 숟가락으로 미역을 절반 가까이 건져냈어요. 6회분 만들 때 미역은 2구(5g)만 쓰세요.
- 뚜껑 겨우 닫고 이유식 모드 실행했어요. 약간 불안했는데 역시나 가열 과정에서 끓으면서 물이 100g 정도 넘쳤어요. 전원 끄고 뚜껑 열어보니 안에서 미역이 불어난 것 같아요. 미역을 절반이나 덜어냈는데도 미역이 많았네요. 미역죽을 끓일 때는 다른 재료 양은 줄이는 게 좋을 것 같아요. 다시 뚜껑 닫고 처음부터 이유식 모드 다시 실행했어요. 재가열하면 바닥이 눌러붙을 텐데 어쩔 수 없었어요.
- 완성 후 믹서 기능 총 10초 정도 갈갈해 주었어요. 중간에 뚜껑 열어서 한 번 위아래 섞어주고 다시 뚜껑 닫고 갈갈해 주었어요. 중기이유식 완성됐어요. 미역이 많아 미끌거려요.
- 소고기미역국 냄새와 맛이 나요. 토실이가 잘 먹었어요.

# NEW 적채(적양배추)

**재료**
- 쌀 140g
- 소고기 다짐육 80g
- 현미가루 15g
- 양파 50g
- 단호박 60g
- 적채 60g
- 물 620g

**실행모드**
- 이유식 모드

**완성된 양**
- 160g씩 6회분

**만드는 방법**
- 이유식 모드 실행하여 만들어지는 모습 확인하고 추가 믹서 기능 갈갈하여 입자감 낮추기

- 적채 큐브(굵게 다진) 60g 예쁘게 잘 퍼지면서 후기이유식 정도의 죽이 완성됐어요. 양배추와 양파가 들어가면 냄새가 좋고 맛이 확 살아요. 위아래 잘 섞고 믹서 기능 총 5초 정도 끊어가며 갈갈해 주어 중기이유식 완성했어요. 믹서가 여유 있게 잘 돌아가고 물과 재료 비율이 괜찮았는지 바닥 눌러붙음 없이 깨끗해요.
- D+241에는 계란 흰자 테스트를 했어요. 계란 하나 삶아서 노른자, 흰자 따로 분리해 으깨주고 적채죽에 토핑처럼해서 같이 먹여보았어요. 계란 흰자는 알러지 주의로 예전에는 돌 이후 먹이라고 했지만 요즘은 7개월 이후를 권장한다고 해요. 계란 흰자 식감이 싫은지 처음에는 거부하고 표정을 찌푸렸는데 점점 적응해서 잘 먹었어요. 먹고 나서는 괜찮았는데 저녁에 턱 밑에 알러지 반응이 올라왔어요. 모기에게 물린듯이 빨갛게 부었어요. 심하지는 않지만 처방받아 놓았던 항히스타민제 시럽을 먹였어요. 다음날 되니 거의 사라지고 괜찮았어요. 계란 흰자는 한두 달 후에 재시도해 볼게요.

계란 흰자 알러지 반응

# NEW 연근

**재료**
- 쌀 140g
- 오트밀가루 5g(1숟가락)
- 닭고기 다짐육 100g
- 수수가루 5g
- 양파 50g
- 시금치 20g
- 새송이버섯 20g
- 연근 60g
- 물 620g

**실행모드**
- 이유식 모드

**완성된 양**
- 160g씩 6회분

**만드는 방법**
- 이유식 모드 실행하여 만들어지는 모습 확인하고 추가 믹서기능 갈갈하여 입자감 낮추기

- 냉동 닭가슴살 다짐육을 물에 5분 정도 담가 풀어주었어요. 냉동실에 있는 시금치와 새송이버섯도 각 20g씩 꺼내서 물에 함께 담가두고 시금치 꼭지만 제거해서 두유제조기에 넣었어요. 양파를 넣으면 맛과 향이 확 살아서 꼭 넣는 편이에요. 집에 항상 있는 식재료이기도 하고요.
- 연근 큐브(굵게다진)는 4구(60g)를 뜯어 사용했어요. 쌀, 수수가루, 오트밀가루 넣고 마지막으로 물 620g 넣고 이유식 모드 실행했어요.
- 완성되어 뚜껑 열어보니 위에 떠 있던 시금치, 새송이버섯, 양파는 잘 갈리지 않았고 밑에 있는 것들은 갈린 것 같아요. 스파출라로 위아래 잘 섞어주고 믹서 기능 총 5초 갈갈해 주었어요. 입자감을 좀 더 주고 싶어서 믹서 2초 갈갈하고 뚜껑 열어 위아래 섞고 다시 3초 갈갈해서 완성했어요. 한 숟가락 떠서 먹어보니 연근 식감이 아삭하니 맛있어요.

# NEW 가지

**재료**
- 쌀 150g
- 오트밀가루 5g(1숟가락)
- 소고기 다짐육 80g
- 수수가루 10g
- 양파 70g
- 가지 60g
- 새송이버섯 20g
- 물 620g

**실행모드**
- 이유식 모드

**완성된 양**
- 160g씩 6회분

**만드는 방법**
- 이유식 모드 실행하여 만들어지는 모습 확인하고 추가 믹서 기능 갈갈하여 입자감 낮추기

- 여행을 앞두고 이유식 며칠 치를 미리 만들기 위해 New 가지 6끼, New 가자미살 6끼를 하루에 몰아 만들었어요. 1시간 간격으로 두유제조기 이유식 모드 2번 실행했어요. 하루 전에 냉동실에서 가지, 가자미살 큐브를 꺼내 미리 냉장실에 올려두었고 냉동실 안 시금치, 새송이버섯을 전부 사용해 냉털했어요.
- 마지막으로 쌀, 수수가루, 오트밀가루, 물 620g 넣고 이유식 모드 실행했어요. 예쁜 가지죽이 완성됐어요. 냄새도 좋고 제가 먹어도 맛있어요. 소고기와 가지의 조합이 굉장히 좋네요. 믹서 기능 끊어가며 총 5초 갈갈하여 중기이유식 완성했어요. 이렇게 이유식을 만들어 이유식 용기에 소분하고 냉동 후 전달하면 다른 사람이 그대로 전자레인지에 데워 먹이기만 하면 되니 간편해요. 죽이유식의 장점이에요.

# NEW 가자미살

**재료**
- 쌀 155g
- 오트밀가루 5g(1숟가락)
- 가자미살 50g
- 현미가루 10g
- 양파 55g
- 시금치 35g
- 새송이버섯 45g
- 물 620g

**실행모드**
- 이유식 모드

**완성된 양**
- 150g씩 6회분

**만드는 방법**
- 이유식 모드 실행하여 만들어지는 모습 확인하고 추가 믹서 기능 갈갈하여 입자감 낮추기

- 대구살과 마찬가지로 가자미살 50g(1팩) 사용했어요. 냉장실에 올려두어 해동한 가자미살을 뜯어 바로 두유제조기에 넣었어요. 생선 비린내를 없애기 위해 물이나 분유 탄 물에 담그고 두유제조기에 넣는 것이 좋아요. 완성된 모습을 보니 새송이버섯만 조금 살아있어요. 믹서 기능 총 5초 갈갈하여 중기이유식 완성했어요.
- 장기 보관하며 수분 날아갈 것을 고려하여 전기포트 끓인 물을 조금 부어 촉촉하게 만들었어요.
- 가지죽과 가자미살죽 총 12끼치를 3시간 정도에 걸쳐 여유 두고 하루 안에 만들었어요.

# NEW 우엉

**중기15**

**재료**
- 쌀 150g
- 오트밀가루 5g(1숟가락)
- 닭고기 다짐육 100g
- 현미가루 10g
- 양파 55g
- 적채 30g
- 우엉 60g
- 물 620g

**실행모드**
- 이유식 모드

**완성된 양**
- 160g씩 6회분

**만드는 방법**
- 이유식 모드 실행하여 만들어지는 모습 확인하고 추가 믹서 기능 갈갈하여 입자감 낮추기

 완성된 모습
 그대로 익은 닭가슴살

 골고루 섞어준 후
 믹서 기능 5초 갈갈 후

- 우엉 큐브(굵게 다진), 적채 큐브(굵게 다진), 닭가슴살 다짐육은 하루 전에 냉동실에서 냉장실로 올려 해동시켜 두었어요. 해동된 닭가슴살 다짐육을 따로 물에 담가 풀어주거나 건드리지 않고 넣어 바로 조리했더니 모양 그대로 익으며 굳었어요. 스파출라로 으깨면 으깨지고 믹서 기능으로 갈갈할 것이라 상관은 없지만 미리 풀어주는 것이 더 좋을 것 같아요. 믹서 기능 총 5초 갈갈하여 중기이유식 완성했어요.
- 여행 준비로 이유식 용기가 부족하여 반찬 그릇에 담았어요.

# NEW 동태살

### 재료
- 쌀 155g
- 오트밀가루 5g(1숟가락)
- 동태살 50g
- 현미가루 10g
- 양파 35g
- 양배추 65g
- 부추 30g
- 물 620g

### 실행모드
- 이유식 모드

### 완성된 양
- 160g씩 6회분

### 만드는 방법
- 이유식 모드 실행하여 만들어지는 모습 확인하고 추가 믹서 기능 갈갈하여 입자감 낮추기

- 대구살과 마찬가지로 동태살 50g(1팩) 사용했어요. 동태살과 조합이 좋은 부추 큐브 30g도 넣었어요.
- 완성된 죽에서 덩이진 동태살은 으깨니 잘 부서졌어요. 위아래 골고루 섞은 후 아주 조금만 갈고 싶어서 1초씩 두 번 믹서 기능 잠깐 갈갈 해주었어요. 믹서 시작되자마자 거의 바로 뚜껑 열어서 칼날 쪽 주위만 살짝 갈리게 하고 위아래 다시 잘 섞어준 후 한 번 더 1초만 갈갈했어요. 뜨거운 물 부어 좀 더 용량을 늘렸어요. 냉장/냉동 보관하며 수분이 많이 날아가기 때문에 먹일 때 좋아요. 동태살죽에 아기치즈를 얹어 리조또처럼 주었어요. 밤 큐브도 함께 먹였어요.

# NEW 비트

### 재료
- 쌀 150g
- 오트밀가루 5g(1숟가락)
- 소고기 다짐육 80g
- 현미가루 15g
- 단호박 50g
- 양배추 60g
- 비트 60g
- 물 620g

### 실행모드
- 이유식 모드

### 완성된 양
- 160g씩 6회분

### 만드는 방법
- 이유식 모드 실행하여 만들어 지는 모습 확인하고 추가 믹서 기능 갈갈하여 입자감 낮추기

완성된 모습  / 골고루 섞어준 후  / 믹서 기능 3초 갈갈 후

- 비트 큐브(중간 다진) 4구(60g) 사용하고 냉동 보관한 단호박 속살은 바로 넣었어요. 비트가 들어가서 색이 예쁘네요. 핑크죽이 나올까요.
- 이유식 모드 완성된 모습을 보니 단호박이 들어가서 노란 빛이 나왔어요. 믹서 기능 총 3초 짧게 갈갈해 주어 입자감이 좀 있는 중기이유식 완성했어요. 한 입 먹어보니 맛있어요.

## 중기18

# NEW 파프리카

**재료**
- 쌀 150g
- 오트밀가루 5g(1숟가락)
- 소고기 다짐육 80g
- 현미가루 10g
- 배추 65g
- 손질채소 40g
- 파프리카 70g
- 물 620g

**실행모드**
- 이유식 모드

**완성된 양**
- 160g씩 6회분

**만드는 방법**
- 이유식 모드 실행하여 만들어지는 모습 확인하고 추가 믹서 기능 갈갈하여 입자감 낮추기

완성된 모습  골고루 섞어준 후

믹서 기능 2초 갈갈 후  뜨거운 물 붓기

- 파프리카는 씨를 발라냈고 모든 채소는 물에 5분 정도 담가두었어요. 오아시스마켓에서 구매한 국내산 손질채소(양파, 당근, 감자, 애호박)도 넣었어요. 후기이유식 입자 크기로 간편하고 가격도 착해요.
- 파프리카 넣으니 향도 좋고 맛있어요. 믹서 기능 2초 짧게 갈갈해 주어 중기이유식 완성했어요. 후기이유식에 가까운 입자감인데 토실이가 잘 먹어주었어요.
- 내용물을 덜어낸 후 전기포트 끓인 물을 두유제조기에 조금 붓고 칼날이나 바닥 가장자리에 남은 죽들을 스파출라로 건드리면 죽이 뜨거운 물에 녹아 죽국이 돼요. 이유식 용기에 조금씩 부어주면 두유제조기 애벌 세척되면서 냉장/냉동 보관 시 수분이 날아가 꾸덕해지는 것을 대비할 수 있어 먹일 때 딱 좋은 농도가 돼요.

# NEW 새우살

**재료**
- 쌀 160g
- 새우살 90g
- 양배추 75g
- 손질채소 120g
- 물 600g

**실행모드**
- 이유식 모드

**완성된 양**
- 160g씩 6회분

**만드는 방법**
- 이유식 모드 실행하여 만들어지는 모습 확인하고 추가 믹서 기능 갈갈하여 입자감 낮추기

- 새우살은 9개월 이후 섭취 권장하니 더 늦게 시도해도 좋아요. 새우살 큐브(중간다진) 6구(90g) 모두 사용했고 채소는 물에 5분 정도 담가둔 후 채에 올려 흐르는 물에 씻어 두유제조기에 넣었어요. 갈렸으면 하는 양배추부터 넣었어요.
- 새우살죽이 예쁘게 완성됐어요. 양배추를 깍뚝썰기보다 채썰기로 길쭉하게 써는 것이 더 잘 갈리는 것 같아요. 새우살 덩어리는 스파출라로 쉽게 으깨져요.
- 후기이유식 죽이 완성되었고 이번에는 따로 믹서 기능 갈갈하지 않았어요. 재료가 모두 적당히 골고루 갈렸고 후기이유식 입자감도 이제 토실이가 먹을 수 있을 것 같았어요. 토실이는 아랫니 2개만 올라온 상태에요.
- 이번에도 마찬가지로 마지막에 끓인 물을 조금 부어서 잔여 죽까지 긁어모아 죽국을 만들고 이유식 위에 조금씩 부어주었어요. 이번에는 늘러붙은 것도 전혀 없고 깨끗하게 애벌 세척되었어요.
- 다행히 토실이가 잘 먹어주었어요. 먹는 것을 보니 이제 슬슬 후기이유식으로 넘어가도 되겠네요. 아직 제 마음의 준비가 되지 않았어요.

# NEW 두부

**재료**
- 쌀 160g
- 닭고기 다짐육 80g
- 두부 100g
- 양배추 30g
- 청경채 20g
- 단호박 45g
- 물 600g

**실행모드**
- 이유식 모드

**완성된 양**
- 155g씩 6회분

**만드는 방법**
- 이유식 모드 실행하여 만들어지는 모습 확인하고 추가 믹서 기능 갈갈하여 입자감 낮추기

- 두부는 오아시스마켓에서 국산콩 두부로 구매했어요. 재료는 물에 5분 정도 담가두었어요. 두부와 닭고기 맛의 조합이 좋을 것 같아 닭가슴살 다짐육도 넣었고 두부는 손으로 으깨 넣었어요.
- 완성 후 골고루 섞어주니 위에 떠 있던 일부 청경채는 잘 갈리지 않았네요. 청경채를 썰지 않고 생으로 넣었는데 한 번 썰어서 넣을 걸 그랬네요. 닭가슴살, 두부 덩어리가 남아있는 것은 스파출라로 으깨주었어요.
- 청경채가 아래로 가도록 하고 믹서 기능 짧게 2초 갈갈하여 중기이유식 완성했어요.
- 내용물 덜어내고 뜨거운 물 조금 부어 잔여 죽국 만들어 위에 살짝 부어주었어요.
- 두부가 들어가서 담백하고 맛있어요. 토실이가 두부 먹고 처음에 알러지 반응이 약간 있었지만 괜찮은 것 같아서 끝까지 먹였고 괜찮았어요.

**Tip | 아기치즈 과자 만들기 (자기주도 간식)**

- 아기치즈와 전자레인지만 있으면 30초 만에 뚝딱! 만들 수 있는 초간단 자기주도 간식을 소개할게요.
- 아기치즈를 격자로 잘라 그릇 위에 놓아준 후 전자레인지 30초 조리하면 공처럼 부풀어 올라요.
- 한 김 식힌 후 그릇에서 떼어내주면 바삭하고 고소한 아기치즈 과자가 완성됩니다.
- 손에 잘 묻어나지 않아 중기이유식 시기에 먹기 좋은 자기주도 간식입니다.
- 아기의 눈과 손의 협응력, 소근육 발달에도 좋습니다.
- 외출할 때도 챙겨나가기 좋은 간식입니다.

## 4장. 후기이유식(9~11개월)

"하루 3끼를 먹는 돌아서면 밥, 먹이고 치우고 아주 바빠요. 후기이유식을 한 번에 다양하게 만들 수 있는 쉬운 방법이 필요해요."

### 후기이유식에서 먹어볼 재료와 식단표&스케줄

| 시기 | 6개월 | 7~8개월 | 9~11개월 |
|---|---|---|---|
| 구분 | 초기이유식 | 중기이유식 | 후기이유식 |
| 고기 | 소고기 | 닭고기<br>생선<br>(대구살, 가자미살, 동태살)<br>새우살 | 대게살<br>돼지고기 |
| 채소 | 애호박<br>청경채<br>브로콜리<br>양배추<br>단호박<br>감자<br>당근<br>양파<br>무 | 배추<br>시금치<br>새송이버섯<br>두부<br>고구마<br>파프리카<br>적채<br>미역<br>가지<br>부추<br>아보카도<br>연근<br>우엉<br>비트 | 오이<br>표고버섯<br>팽이버섯<br>느타리버섯<br>양송이버섯<br>대파<br>쪽파<br>콩나물<br>숙주나물<br>아스파라거스<br>콜리플라워 |
| 알러지주의 | 계란 노른자<br>밤 | 땅콩<br>계란 흰자<br>밀가루<br>토마토<br>검은콩<br>완두콩 | 계란 흰자(재시도)<br>검은콩(재시도) |
| 잡곡/작물 | 오트밀 | 현미<br>수수 | 흑미<br>옥수수<br>대추 |
| 과일/간식 | 바나나<br>사과 | 귤<br>떡뻥<br>아기치즈<br>과일퓨레 | 딸기 |

※시판 냉동다짐큐브

중기이유식까지 진행하며 평상시에 우리가 먹는 대부분의 재료는 시도해 본 것 같습니다. 토실이는 검은콩, 계란 흰자, 새우살에 알러지 반응이 있었고 두부도 약간 알러지 반응이 있었어요.

중기이유식까지 진행한 후 제가 느꼈던 점은 다양한 재료를 서둘러서 3일마다 추가해 가며 2~3개월 안에 시도하려고 할 필요는 없었을 것 같다는 것입니다. 생각보다 토실이가 여러 재료에 대해 알러지가 약하게부터 강하게 나타났고 지침은 바뀌었다고 하지만 예전에는 돌 이후에나 먹였다는 재료들을 서둘러 시도하기보다는 돌 때까지 여유를 두고 천천히 하나씩 먹여보았어도 좋았겠다는 생각이 들었습니다. 너무 늦지만 않게요.

이유식의 기본은 소고기 + 채소 죽이 아닐까 싶습니다. 그래서 저는 여러 가지 재료를 3일마다 추가하며 바쁘게 진행했던 중기이유식과는 다르게 후기이유식은 그동안 먹어왔던 기본 재료를 베이스로 하며, 평상시에 우리가 먹는 재료 중에서 먹어보지 않았던 재료들 몇 가지를 천천히 먹여보기로 했습니다.

고기류는 중기이유식 때 구입했던 배마마 시판 냉동다짐큐브 중 대게살을 시도해 보고, 돼지고기는 후반부에 시도해 보았습니다. 소고기와 닭고기에 충실한 후기이유식을 생각하며 진행했어요. 추가로 그동안 오이를 안 먹어보았던 것 같아서 오이를 추가하고 여러 종류의 버섯, 요리에 자주 사용하는 대파와 쪽파, 콩나물과 숙주나물, 그리고 배마마 시판 냉동다짐큐브에서 새롭게 시도해 볼 만한 것으로 아스파라거스, 콜리플라워, 옥수수, 대추를 후보에 넣었습니다. 잡곡은 흑미 등 여러 가지 잡곡류, 과일은 겨울에 맛있는 딸기를 잘 세척해서 먹여보았어요.

10개월 이후에는 지난번 알러지 반응이 있었던 검은콩, 계란 흰자, 두부를 재시도했고 알러지 반응은 없었습니다.

토실이가 진행한 후기이유식 스케줄입니다.

토실이의 하루 후기이유식 스케줄은 분이이이분 vs. 이분이이분 vs. 이분이분이 중에서 고민하였고 분이이이분으로 결정했습니다. 가운데가 분유에서 이유식으로 바뀌며 하루 3끼로 늘어난 스케줄입니다. 분이이이분 선택한 첫 번째 이유는 아침에는 엄마도 피곤해서 간편한 분유로 먹이는 것이고 두 번째 이유는 아침에 일어난 아기의 수분 보충을 위해서입니다. 이분이분이 스케줄로 엄마아빠 식사 시간과 비슷하게 이유식을 먹는 것이 좋겠으나 제가 조금 더 편한 스케줄로 선택하여 진행했습니다.

토실이는 처음과 마지막 분유수유는 280ml씩, 후기이유식 한 끼는 보통 170~180g을 먹었습니다. 돌까지는 분유/모유가 주식이며 하루 분유 수유량이 500ml를 넘기는 것이 좋다고 합니다.

하루 3끼를 만들고 먹이는 것은 만만치 않습니다. 고민을 가장 많이 했던 시기입니다. 이유식을 먹일 때 토실이의 움직임이 활발해지고 아기 의자에 앉아있는 걸 답답해하니 점점 이유식 먹이는 난이도가 올라갔습니다. 하루 2끼까지는 그나마 할만했는데 하루 3끼는 쉽지 않았습니다. 하루 종일 먹이고 치우다 끝나는 느낌이었어요. 거기에 하루 응가를 6번 할 때도 있었고요.

이유식 먹이는 횟수와 난이도가 올라간 만큼 이유식 만드는 난이도, 노동이라도 어떻게 좀 더 쉽게 할 수 있는 방법이 없을까 고민을 많이 했습니다.

첫 번째로 생각한 방법은 오트밀포리지로 하루 1끼를 간단하게 해결하는 것입니다. 어른도 하루 3끼 모두 제대로 된 밥을 차려 먹지 않고 아침 정도는 간단하게 먹는 것처럼 말이죠. 오트밀포리지는 오트밀 죽이라고 생각하면 됩니다. 오트밀에 물 붓고 전자레인지로 1분 만에 간단하게 만들 수 있습니다. 여기에 고구마, 바나나, 땅콩버터, 아기치즈 등 다양한 토핑을 얹어서 주면 상당히 맛있어서 아기들이 좋아해요. 하루 3끼 중 1끼는 오트밀포리지로 간단하게 만들어 먹이고 나머지 2끼는 중기이유식 때와 마찬가지로 3일에 한 번 두유제조기로 6끼 만들어 먹이면 하루 3끼가 완성됩니다.

두 번째로 생각한 방법은 두유제조기와 더하여 전자레인지 실리콘 이유식 칸막이 찜기를 활용하는 것입니다. 보통 후기이유식에서는 한 번에 3가지 메뉴를 3끼씩 만들어 낼 수 있는 밥솥칸막이를 많이 사용하시죠. 그것의 전자레인지 찜기 버전입니다. 인터넷에서 후기이유식 관련해 찾아보다가 발견한 에디슨 브랜드의 제품인데 제게 딱 필요한 아이디어의 제품이었습니다. 밥솥이유식보다 더 쉽게 할 수 있는 방법이에요.

오트밀포리지　　　　　　　　　　　전자레인지 이유식 칸막이 찜기

출처 : 에디슨 제품 홈페이지

밥솥칸막이와 같은 역할을 하는데 플래티늄 실리콘으로 되어 있고 전기밥솥이 아닌 전자레인지로 30분 만에 죽을 쉽게 만들 수 있습니다. 전기밥솥 냄새 베임, 세척, 어른밥 비우기 등 신경 쓸 필요 없이 전자레인지 하나만 있으면 30분 만에 3가지 메뉴 3끼씩 총 9끼가 완성됩니다. 넘침방지 구조로 되어 있고 한 칸당 최대 600ml 용량으로 후기이유식에 필요한 많은 양을 만들기에도 좋으며 세척도 아주 간편합니다.

자세한 사용 방법과 레시피는 다음 장에서 다루도록 할게요.

그래서 저는 두유제조기와 전자레인지 이유식 찜기까지 활용하여서 한 번에 6끼(두유제조기)와 9끼(이유식 찜기)를 동시에 만드는 방법을 선택했습니다. 그러면 한 번에 총 4가지 메뉴 15끼를 만들 수 있습니다. 나머지 3끼는 오트밀포리지 간단하게 만들어서 6일치의 하루 3끼 후기이유식 총 18끼를 해결하였습니다.

다시 말해, 이제 3일이 아닌 6일에 한 번씩 15끼의 후기이유식 죽을 만들면 되는 것입니다. 만드는 텀이 길어졌어요. 제 경우에는 이 방법이 더 간편하고 만드는 부담이 줄어서 선택했지만 전자레인지 이유식 찜기를 추가로 구매하고 싶지 않다면 중기이유식 때와 마찬가지로 3일에 한 번 두유제조기로 6끼 만들기 + 하루 1끼는 오트밀포리지 조합으로 후기이유식을 진행하면 됩니다. 자신에게 가장 할만하고 편한 방법을 찾는 것이 가장 중요해요.

하루 3끼 6일치의 후기이유식을 위해서는 총 18끼를 만들어야 합니다. 이를 한 사이클이라 부르겠습니다. 그중 15끼는 죽을 만들고, 나머지 3끼는 오트밀포리지로 구성합니다.

(☂예시) 하루 3끼 x 6일 = 18끼 필요

아래 그림에서 사이클 1을 예로 들면, 하루 3끼 모두 서로 다른 메뉴로 구성되고 이틀에 한 번씩 두 번째 끼니는 오트밀포리지를 먹입니다. 두유제조기로 만든 메뉴 A 와 전자레인지 이유식 찜기로 만든 것 중 메뉴 C 가 New 재료 들어간 것이라고 한다면 하루 중 첫 번째 끼니로 배치하여 알러지 테스트 합니다.

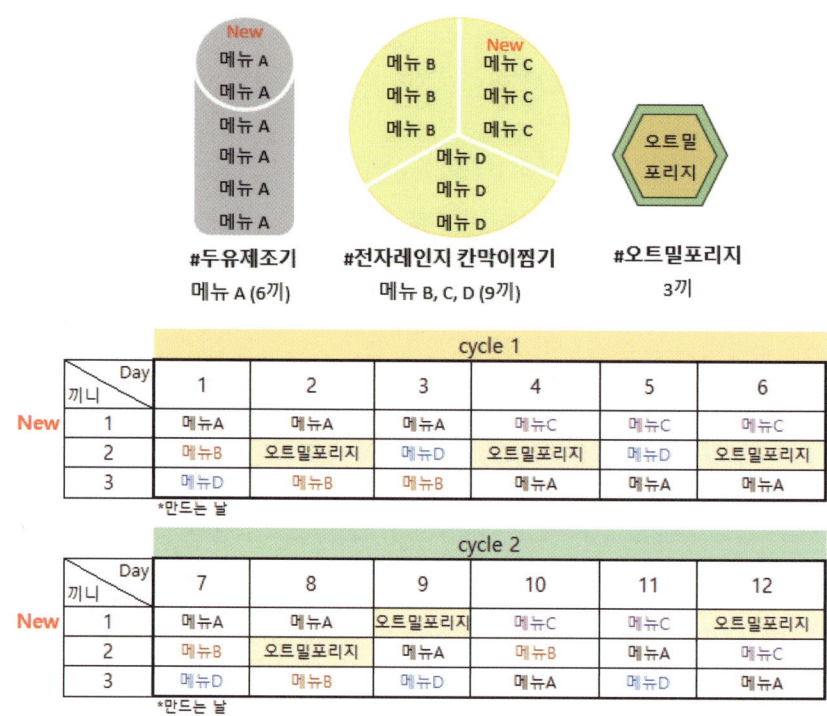

사이클 2처럼 첫 끼니를 오트밀포리지로 간단하게 주어도 좋습니다. 마치 18칸 채우기 테트리스 하는 것 같죠.

중기이유식 때와 마찬가지로 3일 내 먹일 이유식은 냉장 보관, 그 외에는 냉동 보관합니다.

이렇게 하면 고기채소죽도 충분히 자주 먹일 수 있고 오트밀포리지도 간단하게 만들어 줄 수 있으며 무엇보다 6일 간격으로 후기이유식을 만들면 되니 바쁜 하루 3끼 이유식에 조금이나마 부담을 덜 수 있습니다.

후기이유식 식단표입니다.

#빨간우산 #두유제조기 #후기이유식 #식단표 #하루3끼 #한사이클 #6일치18끼 #9개월부터

| Cycle | D+ | 날짜 | 끼니1 | 끼니2 | 끼니3 | New | 특이사항 |
|---|---|---|---|---|---|---|---|
| 1 | 270 | 6/1 | A(소고기연근표고죽) | 오트밀포리지 | D(닭고기청경채양배추죽) | 표고버섯 | |
| | 271 | 6/2 | A | C | D | | |
| | 272 | 6/3 | A | 오트밀포리지 | D | | |
| | 273 | 6/4 | B(닭고기새송이쪽파죽) | D | C(닭고기표고죽) | 쪽파 | |
| | 274 | 6/5 | B | 오트밀포리지 | D | | |
| | 275 | 6/6 | B | D | C | | |
| 2 | 276 | 6/7 | D(소고기흑미대파죽) | 오트밀포리지 | B(소고기표고버섯죽) | 대파 | |
| | 277 | … | D | C(닭고기수수비트죽) | B | | |
| | 278 | | D | 오트밀포리지 | C | | |
| | 279 | | A(닭고기현미완두콩죽) | D | B | 완두콩 | |
| | 280 | | A | 오트밀포리지 | D | | |
| | 281 | | A | D | C | | |
| 3 | 282 | | D(소고기양배추숙주죽) | 오트밀포리지 | B(소고기애호박죽) | 숙주나물 | |
| | 283 | | D | C(닭고기새송이죽) | B | | |
| | 284 | | D | 오트밀포리지 | C | | |
| | 285 | | A(닭고기아스파라거스죽) | D | B | 아스파라거스 | |
| | 286 | | A | 오트밀포리지 | D | | |
| | 287 | | A | D | C | | |
| 4 | 288 | | A(소고기두부느타리죽) | 오트밀포리지 | D(닭고기느타리부추죽) | 느타리버섯 | |
| | 289 | | A | C | D | | |
| | 290 | | A | 오트밀포리지 | D | | |
| | 291 | | B(닭고기콜리플라워죽) | D | C(소고기채소죽) | 콜리플라워 | |
| | 292 | | B | 오트밀포리지 | D | | |
| | 293 | | B | D | C | | |
| 5 | 294 | | D(소고기콩나물죽) | 오트밀포리지 | B(소고기가지죽) | 콩나물 | |
| | 295 | | D | C(닭고기우엉죽) | B | | |
| | 296 | | D | 오트밀포리지 | C | | |
| | 297 | | A(닭고기채소죽) | D | B | 없음 | |
| | 298 | | A | 오트밀포리지 | D | | |
| | 299 | | A | D | C | | |
| 6 | 300 | | D(대게살브로콜리죽) | 오트밀포리지 | B(닭고기버섯죽) | 대게살 | |
| | 301 | | D | C(소고기채소죽) | B | | |
| | 302 | | D | 오트밀포리지 | C | | |
| | 303 | | A(닭고기채소죽) | D | B | 없음 | |
| | 304 | | A | 오트밀포리지 | D | | |
| | 305 | | A | D | C | | |
| 7 | 306 | | D(돼지고기대파죽) | 오트밀포리지 | B(소고기완두콩죽) | 돼지고기 | |
| | 307 | | D | C(소고기아스파라거스죽) | B | | |
| | 308 | | D | 오트밀포리지 | C | | |
| | 309 | | A(소고기콜리플라워죽) | D | B | 없음 | |
| | 310 | | A | 오트밀포리지 | D | | |
| | 311 | | A | D | C | | |

식단표는 새로운 재료를 3~6일에 한 번씩 추가하는 형태이지만 실제로는 알러지 테스트를 3일 간격으로 하지 않고 천천히 여유 있게 진행하였습니다. 매일 1끼는 오트밀포리지를 주며 만드는 텀을 7~8일까지 늘리기도 하면서 말이죠. 3끼를 내리 고기채소죽을 먹는 것보다 하루 1끼는 고구마, 과일이 들어가 달달하고 고소한 오트밀포리지를 주니 아기도 더 좋아했어요. 보통 이유식2를 오트밀포리지 만들어 주었습니다.

한 사이클을 최소 6일로 하며 상황에 따라 더 길게 잡아 편하게 식단표를 작성하였습니다. 4가지 메뉴의 죽에 A,B,C,D를 붙여 최소 6일치 한 사이클 먹은 것을 적는 것입니다. A, B, C는 전자레인지 이유식 찜기로 만든 3가지 메뉴를, D는 두유제조기로 만든 메뉴를 의미합니다. 아래 사진과 같이 식단표 양식을 냉장고에 붙여 그때그때 상황에 맞춰 먹이고 적었습니다.

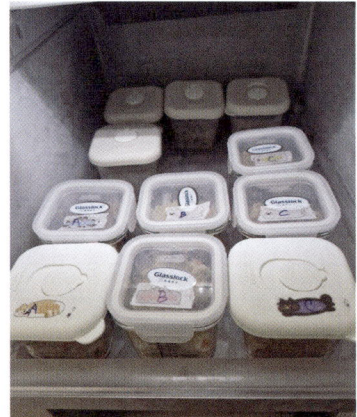

식단표 작성 예시      메뉴 A~D 냉동 보관

## 두유제조기 후기이유식 준비물

-유기농 국내산 오트밀
오트밀포리지를 만들기 위해 국내산 유기농 오트밀을 구매하였습니다. 오트밀 포리지용으로 나온 헤이오트 제품입니다. 계량스푼이 들어있어 편하고 1스푼에 오트밀 10g이라 2번 담으면 1회 오트밀 20g 분량에 딱 맞습니다. 부드럽고 고소해서 토실이가 잘 먹어요.

-흡착볼
오트밀포리지를 만들기 위해 전자레인지, 식기세척기 사용 가능한 바닥이 넓은 실리콘 흡착볼이 필요합니다. 타이니트윙클 제품으로 구매했어요. 육각형 모양에 깊이도 깊어서 내용물 뜨기 좋고 나중에 한 그릇 덮밥이나 국수 만들어 먹이기에도 좋습니다. 각이 있어서 국물 모아 마시기에도 편하다고 하니 오래 사용할 생각으로 구매했습니다. 컬러도 여러가지 있고 사이즈도 너무 크지도 작지도 않아 활용도가 좋아요.

-전자레인지 실리콘 이유식 찜기 칸막이 이유식 조리도구 1800ml
전기밥솥 밥솥칸막이의 전자레인지 버전입니다. 플래티넘 실리콘으로 안전하고 스팀 배출, 넘침 방지 구조로 전자레인지에 오랜 시간 돌려도 내용물이 섞이거나 바닥에 흘러넘치지 않도록 설계되었습니다. 실제로 사용해 보니 출력이 센 저희 집 전자레인지로 30분 만에 3가지 메뉴 후기이유식 죽이 완성되었고 세척도 정말 간편해요. 가볍고 탄탄합니다. 전기밥솥 밥솥칸막이보다 훨씬 간편하고 쉬워요. 전기밥솥 냄새 베임, 세척, 어른밥 비우기 등 신경 쓰지 않고 전자레인지 하나만 있으면 후기이유식을 만들 수 있어요.

-배마마 시판 냉동다짐큐브
후기이유식에서 새롭게 시도해 볼 재료들 몇 가지를 #배마마 에서 추가로 구매했습니다.
오이(굵게다진), 콜리플라워(굵게다진), 아스파라거스(곱게다진), 찰옥수수(곱게다진), 대추(곱게다진), 비트(굵게다진)

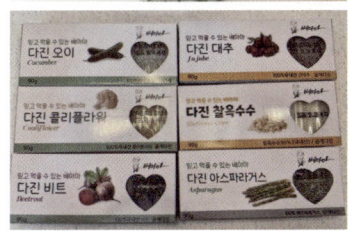

-국내산 손질채소

후기이유식에서는 양파, 당근, 감자, 애호박과 같은 기본 채소들을 베이스로 항상 넣어 만들 것이기 때문에 간편하게 손질되어 있는 손질채소 모음을 구매하여 사용했습니다. 후기이유식 입자 크기 정도로 손질되어 있는 국내산 채소팩으로 감자 껍질 깎거나 손질할 필요 없이 한 팩 털어 넣으면 되어 간편합니다. 가격도 한 팩에 1천원 초반대로 착하며, 한 팩에 80~120g으로 3끼니 만들 때 한 팩 사용하면 좋습니다. 구매처에 따라 여러 구성의 손질채소가 있어요. 아래는 제가 주로 구매한 손질채소입니다.

- 쿠팡 손질채소(한 팩 120g): 양파, 당근, 감자, 애호박
- 오아시스마켓 손질채소(한 팩 200g, 2회 사용 가능): 양파, 당근, 감자, 애호박
- 홈플러스 볶음밥용 손질채소(한 팩 100g): 감자, 당근, 양파, 브로콜리, 표고버섯
- 홈플러스 죽용 손질채소(한 팩 80g): 쪽파, 부추, 양파, 당근

## 두유제조기로 만드는 후기이유식 추천 레시피

후기이유식부터는 하루 3끼 감당이 어려워서 보통 밥솥칸막이를 많이 사용합니다. 그렇다면 앞서 소개한 전자레인지 이유식 칸막이 찜기를 추천합니다. 훨씬 간편합니다.

저는 한 번에 많은 양을 만들어 놓는 것이 편해서 두유제조기+전자레인지 이유식 칸막이 찜기 조합으로 진행했습니다. 자신에게 가장 간편하고 할만한 방법과 조합을 찾아서 하루 3끼를 감당해야 합니다. 중간중간 시판이유식을 활용할 수도 있고, 힘들면 어느 날은 하루 2끼만 이유식 할 수도 있는 것입니다. 저는 하루 1번은 오트밀포리지로 매일 주며 만들어 놓은 6일치 후기이유식 죽을 7~8일 동안 먹여 만드는 텀을 더 늘리기도 합니다. 일주일에 한 번 대량 생산하는 것이죠.

| 구분 | 초기이유식 | 중기이유식 | 후기이유식 |
|---|---|---|---|
| 시기 | 6개월 | 7~8개월 | 9~11개월 |
| 하루 이유식 횟수 | 하루 1끼 | 하루 2끼 | 하루 3끼 |
| 한 끼 기준 소고기 섭취량 | 10~15g | 10~15g | 15~20g |
| 이유식 만드는 텀 | 3일 | 3일 | 3~6일 |
| 레시피 | *총 3회분 기준<br><br>쌀 50g,<br>오트밀 가루 5g (숟가락 1 큰 술),<br>다짐육 소고기 30~40g,<br>채소 1 15~30g,<br>채소 2 15~30g,<br>물 210g을<br><br>두유제조기에 한 번에 모두 넣고 고운죽 모드 실행 | *총 6회분 기준<br><br>쌀 140g,<br>오트밀 가루 5g (숟가락 1 큰 술),<br>다짐육 소고기/닭고기 80~100g,<br>채소 2~3가지 합해서 140g,<br>물 600g을<br><br>두유제조기에 한 번에 모두 넣고 이유식 모드 실행, 완료 후 원하는 입자감이 나올 때까지 믹서 기능으로 갈갈하면 완성 | *총 6회분 기준<br><br>쌀 160g,<br>오트밀 가루 5g (숟가락 1 큰 술),<br>다짐육 소고기/닭고기 100g,<br>채소 2~3가지 합해서 160g,<br>물 600g을<br><br>두유제조기에 한 번에 모두 넣고 이유식 or 건강죽 모드 실행, 완료 후 필요시 믹서 기능으로 짧게 갈갈하면 완성 |
| 완성양 | 90~100g씩 3회분 완성 | 150g씩 6회분 완성 | 160g씩 6회분 완성 |

빨간우산 두유제조기 이유식 추천 레시피

후기이유식에서는 두유제조기에 넣는 채소는 이전보다 채소를 좀 더 작게 썰어 넣는 것을 추천합니다. 입자감을 위해 믹서 갈갈을 최소화해야 합니다. 또는, 채소와 물만 넣고 믹서 기능으로 먼저 어느 정도 갈갈해 준 후에 이어서 고기, 쌀, 물을 넣고 이유식 모드 실행하는 것도 방법이 될 수 있습니다.

후기이유식에서 질감과 입자감이 커지며 아기가 잘 안 먹으려고 한다면 좀 더 입자감을 낮추거나 끓인 물을 조금 넣어서 죽을 촉촉하게 해주면 도움이 될 수 있습니다. 아기에게 맞추는 것이 가장 중요합니다.

아기가 물을 많이 마실 수 있도록 하면 변비에 도움이 됩니다. 수유량은 줄고 이유식 비중은 높아지기 때문에 수분 섭취에 더욱 신경 쓰면 좋습니다.

# [하루 3끼] 두유제조기로 후기이유식 6끼 만들기
## (전자레인지 이유식 칸막이 찜기, 오트밀포리지 활용 방법까지)

이제부터 소개할 내용은 두유제조기와 전자레인지 이유식 칸막이 찜기 조합으로 한 번에 15끼 후기이유식을 만들며 앞 페이지에서 소개한 두유제조기 후기이유식 추천 레시피를 찾아가는 과정입니다.

새로운 아이템을 활용해 한 번에 많은 끼니를 만들어 내야 하니 준비해야 할 재료가 많고 이전보다 시간도 더 오래 걸리지만 몇 번 만들어보면 익숙해지고 할 만해집니다. 각 메뉴를 만드는 과정과 결과물을 통해 한 번에 후기이유식 15끼 만드는 레시피를 확인하시고 응용하시기를 바랍니다.

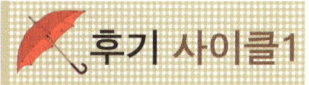

# NEW 표고버섯, 쪽파

**두유제조기 1가지 메뉴 6끼 만들기** 닭고기청경채양배추죽

### 재료
- 쌀 160g
- 오트밀가루 5g(1숟가락)
- 닭고기 다짐육 100g
- 양배추 75g
- 청경채 55g
- 양파 30g
- 물 600g

### 실행모드
- 이유식 모드

### 완성된 양
- 165g씩 6회분

### 만드는 방법
- 두유제조기에 재료와 물을 함께 넣고 이유식 모드 실행

- 이유식 모드 실행 후 완성된 모습을 보니 청경채가 갈리지 않은 게 조금 있어서 그게 밑으로 가도록 잘 섞어 준 후 믹서 기능 1초 되려나 싶을 정도로 시작과 동시에 뚜껑 열어 멈추었어요. 칼날 파워가 강력해서 3초가 넘어가면 생각보다 많이 갈릴 수 있어요.
- 쌀알 살아있는 후기이유식이 완성됐어요.
- 냉장/냉동 보관 시 많이 꾸덕해지기 때문에 전기포트 끓인 물로 잔여 죽국 만들어서 조금씩 부어주었어요.
- 중기이유식 후반부터 거의 후기이유식 입자감으로 만들어 먹여서 토실이가 거부감 없이 잘 먹어주었어요.

# NEW 표고버섯, 쪽파

전자레인지 이유식 찜기 3가지 메뉴 3끼 총 9끼 만들기 소고기표고연근죽, 닭고기쪽파새송이죽, 닭고기표고죽

"먼저, 아래 QR코드를 통해
전자레인지 이유식 찜기로 후기이유식 만드는 과정을 영상으로 확인하세요.
뒤의 설명이 이해가 더욱 쉬울 것입니다."

전자레인지 이유식찜기

## 후기 사이클1

# NEW 표고버섯, 쪽파

**전자레인지 이유식 찜기 3가지 메뉴 3끼 총 9끼 만들기** 소고기표고연근죽, 닭고기쪽파새송이죽, 닭고기표고죽

이제 전자레인지 이유식 찜기를 사용하여 후기이유식을 만드는 과정에 대해 설명할게요.
먼저, 에디슨 제품 홈페이지에 소개되어 있는 제품 사용 방법과 레시피입니다.

## 제품 사용 방법

**01 이유식 재료를 준비해 주세요.**
이유식 단계에 맞는 쌀을 깨끗이 씻은 뒤 30분 정도 물에 불려 주세요.
*이유식 큐브의 경우 반드시 해동 후 사용해 주세요.

**02 재료를 넣어 골고루 섞어주세요.**
물(육수)은 재료가 잠길 정도로만 넣고 재료가 잘 풀리도록 충분히 섞인 후 나머지 물을 넣어주세요.
*1칸 최대 600ml / 권장 480ml 이내

**03 찜기를 전자레인지에 넣고, 출력과 시간을 설정해 조리해 주세요.**
뚜껑을 잘 덮은 뒤 전자레인지 중앙에 놓아주세요.
전자레인지의 사양에 따라 조리시간 및 익는 정도가 달라질 수 있습니다.

**04 조리가 완료되면 이유식을 꺼내 바닥까지 고르게 섞은 후 소분해 주세요.**
완성된 이유식을 전용 용기에 담아 보관해 주세요.
묽은 정도를 조절하고 싶다면 물(육수)의 양 또는 조리시간을 가감해 주세요.

## 후기 이유식 2-3배죽

### 아기 닭 죽
활동량이 많아진 우리아이 체력보충!

     +

불린 쌀 90g  닭가슴살 60g  양배추 35g  당근 30g     물(육수) 270ml

양파 15g   대추 10g

### 소고기 토마토 진밥
케찹대신 건강한 토마토로 새콤달콤하게!

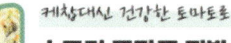

    +

불린 쌀 100g  소고기 60g  브로콜리 30g 양송이버섯 30g   물(육수) 200ml

양파 15g   토마토 15g

두유제조기와 다르게 쌀을 불려야 하며 재료들을 미리 해동해 놓아야 합니다.
700W 전자레인지 기준 조리 시간 35분 권장이며, 이유식의 농도가 묽은 경우 5분 정도 추가 조리해 줍니다. 참고로 아래 그림에 있는 저희 집 전자레인지 SK매직 올인원 광파오븐 사양은 1500W로 센 편이며 30분 조리 시 충분히 잘 익었습니다. 전자레인지 사양에 따라 조리 시간 조절해주면 됩니다. 그럼 이제 만들어 볼게요.

### 제품사양

| 모델명 | EON-CP3A |
|---|---|
| 제품명 | SK매직 올인원 광파 오븐 |
| 색상 | 외관 : 블랙, 메탈실버 / 조리실 : 스테인리스 |
| 구성 | 오븐팬, 낮은석쇠, 높은석쇠, 오븐장갑, 간단 설명서 |
| 고주파출력 | 1,000W |
| 소비전력 | 전자레인지 : 1,500W / 그릴 : 2,400W / 전기오븐 : 2,400W |

## 후기 사이클 1

# NEW 표고버섯, 쪽파

**전자레인지 이유식 찜기 3가지 메뉴 3끼 총 9끼 만들기** 소고기 표고연근죽, 닭고기 쪽파새송이죽, 닭고기표고죽

### 재료 및 완성된 양

- 후기이유식 한 끼니당
  쌀 30~40g, 고기 15~20g, 채소 30~40g, 3배죽 기준
- → 한 칸(3끼니) 기준으로
  쌀 90~120g, 고기 45~60g, 채소 90~120g, 물 270~300g

### 만드는 방법

- 각 칸에 재료와 물을 함께 넣고 전자레인지 30분 조리

**165g씩 3끼**
쌀 100g (불린 쌀 130g)
닭가슴살 다짐육 50g
손질채소(쪽파) 80g
새송이버섯 큐브 30g
물 270g

**160g씩 3끼**
쌀 100g (불린 쌀 130g)
닭가슴살 다짐육 50g
손질채소(표고) 100g
물 270g

**170g씩 3끼**
쌀 100g (불린 쌀 130g)
소고기 다짐육 60g
손질채소(표고) 100g
연근 큐브 30g
물 270g

각 칸에 넣은 재료 양과 완성된 양

- 위에 기재한 기준 재료양에 따라 그림과 같이 칸마다 재료를 넣고 전자레인지 30분 조리하면 약 170g씩 3끼 3가지 메뉴가 완성됩니다. 고기나 채소를 더 넣어도 좋습니다.
- 참고로, 두유제조기는 최소 4배죽 느낌으로 쌀양 대비 물을 넣어줘야 죽을 만들 수 있습니다. 그래서 결과물을 비교해 보면 전자레인지 이유식 찜기로 만든 죽이 질감이 좀 더 살아있고 되직합니다.
- 두유제조기로 만든 죽은 후기이유식 1단계, 전자레인지 이유식 찜기로 만든 죽은 후기이유식 2단계 느낌으로 좀 더 죽보다는 진밥에 가깝다고 볼 수 있습니다.
- 쌀 300g을 물에 25분 정도 불렸더니 390g이 되었어요. 불리면 30% 정도 늘어나는 것 같아요.
- 소고기 1 메뉴, 닭고기 2 메뉴를 만들기 위해 한 칸 기준 소고기 다짐육(60g)과 닭고기 다짐육(50g)을 준비하고, 각 칸에 넣을 여러 버전의 손질채소(표고, 쪽파)도 3개 준비했어요. 1개는 깜빡하고 해동을 미리 하지 못해서 물에 담가 풀어주었어요. 연근, 새송이 시판 큐브도 추가로 넣어주었어요.

그럼 이제 차례대로 각 칸에 재료를 모두 넣고 전자레인지에 30분간 조리하면 됩니다.

## 후기 사이클1

# NEW 표고버섯, 쪽파

전자레인지 이유식 찜기 3가지 메뉴 3끼 총 9끼 만들기 소고기표고연근죽, 닭고기쪽파새송이죽, 닭고기표고죽

### 재료 및 완성된 양

- 후기이유식 한 끼니당
  쌀 30~40g, 고기 15~20g, 채소 30~40g, 3배죽 기준
  → 한 칸(3끼니) 기준으로
  쌀 90~120g, 고기 45~60g, 채소 90~120g, 물 270~300g

### 만드는 방법

- 각 칸에 재료와 물을 함께 넣고 전자레인지 30분 조리

- 각 칸에 쌀 100g(불린 쌀 130g), 손질채소+시판 큐브 100~120g, 다짐육 50~60g 넣고 잘 풀어준 후 물 270g(밥그릇 한 공기) 넣으면 약간 여유가 남을 정도로 채워져요. 내용물이 보글보글 위로 올라와도 밖으로 흘러넘치지 않아요. 조금 되직한 것 같아 소분 후 끓인 물을 조금씩 넣어주었어요. 3가지 메뉴 완성했어요.

## 후기 사이클1

# NEW 표고버섯, 쪽파

### 오트밀포리지 만들기

**재료**
- 오트밀 20g
- 고구마 25g
- 물 90g
- 과일퓨레 20g

**완성된 양**
- 150g
- 오트밀이 물을 흡수하며 불어나요

**만드는 방법**
- 흡착볼에 재료와 물을 넣고 전자레인지에 30초씩 끓어 2번 조리
- 쉽게 끓어넘치는 오트밀 특성상 짧게 끓어 조리하는 것이 좋아요.

- 한 끼에 오트밀 양은 15~20g이 적당하며 오트밀의 4~5배 물을 넣고 전자레인지 30~60초 조리하면 적당한 농도의 오트밀포리지가 완성돼요. 과일퓨레 얹어서 먹이니 맛있는지 토실이가 발을 구르며 좋아했어요.
- 오트밀포리지에 고구마, 감자, 단호박, 딸기, 바나나, 땅콩버터, 아기치즈, 분유 등을 함께 넣고 만들어주면 좋아요. 분유수유량이 부족한 아기들에게는 분유 보충할 수 있는 방법이에요. 오트밀분유빵을 만들어줘도 좋아요.
- 고구마, 감자는 시판 큐브 사기에는 비용이 아까워요. 저는 많은 양의 고구마, 감자를 한 번에 쪄서 식혀 껍질 벗기고 손으로 으깨 무스를 만든 후 큐브틀에 채워 고구마 큐브, 감자 큐브를 만들었어요. (냉동 보관) 큐브 1개에 25g 정도 되어서 오트밀포리지 1끼 만들 때 하나씩 넣으면 딱 좋아요. 오트밀분유빵 만들 때도 넣고요. 맛있고 아기 변비에도 도움이 됩니다. 오트밀포리지 사진들을 소개할게요.

두유제조기, 전자레인지 이유식 찜기, 오트밀포리지 조합으로 6일치 하루 3끼 후기이유식 첫 번째 사이클이 끝났어요.

다음 페이지에 소개되는 사이클 2부터는 사이클 1에서 소개한 전자레인지 이유식 찜기 레시피를 따르며 새로운 메뉴를 계속해서 만드는 과정입니다. 따라서 중복되는 내용은 생략하였습니다.

 **Q. 어떤 죽은 두유제조기로 만들고, 어떤 죽은 전자레인지 이유식 찜기로 만드나요?**

A. 위 사이클 1에서와 같이 믹서 기능 갈갈이 필요한 생채소가 있으면 두유제조기로 만들어요. 손질된 채소+시판 큐브로는 전자레인지 이유식 찜기로 죽을 만들어요. 입자가 이미 다져져 있어야 하니까요. 그때그때 재료 구성을 보고 생채소들은 두유제조기로, 손질된 채소/큐브들은 전자레인지 이유식 찜기로 죽을 만들어요.

# NEW 완두콩, 대파

**두유제조기 1가지 메뉴 6끼 만들기** 소고기양배추**대파**흑미죽

### 재료
- 쌀 160g
- 흑미 20g
- 소고기 다짐육 100g
- 양배추 75g
- 대파 35g
- 물 550g

### 실행모드
- 이유식 모드

### 완성된 양
- 160g씩 6회분

### 만드는 방법
- 두유제조기에 재료와 물을 함께 넣고 이유식 모드 실행

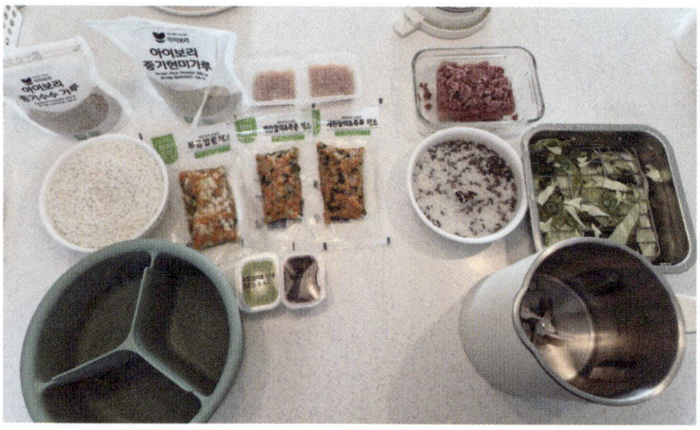

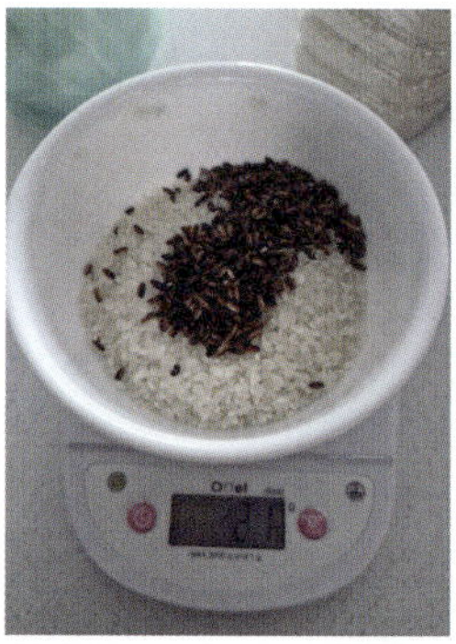

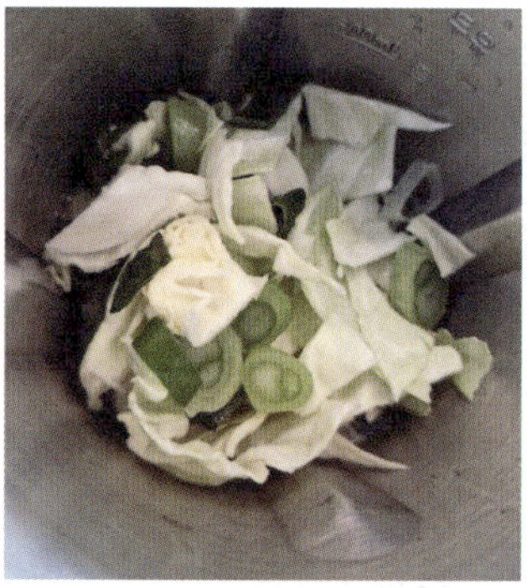

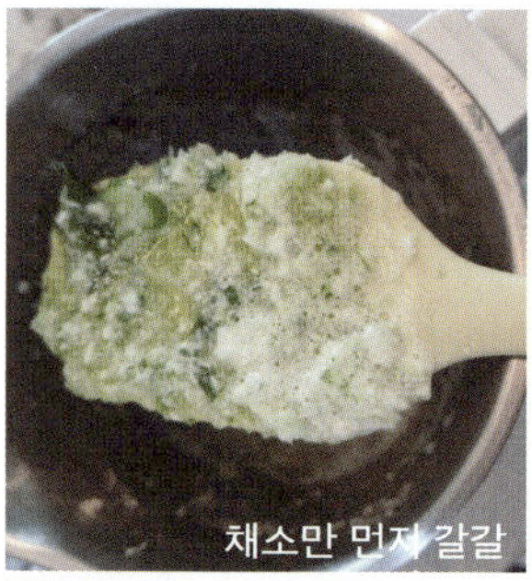

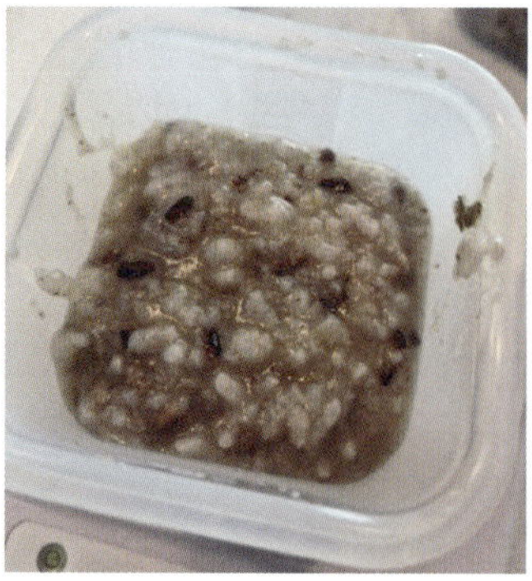

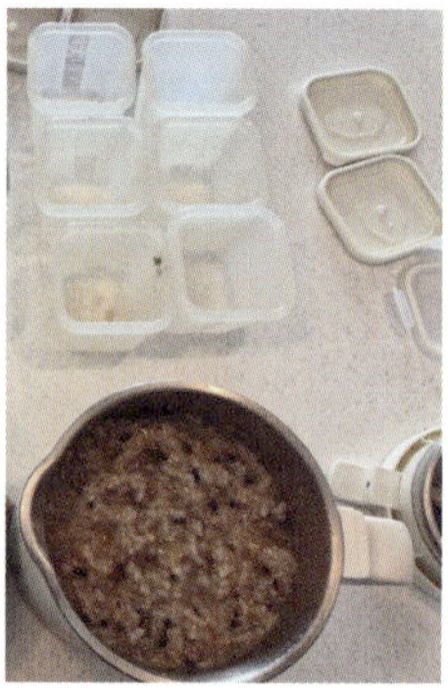

- 이번에는 양배추와 대파를 툭툭 썰어 넣고 물 240g을 넣은 후 믹서 기능으로 먼저 5초 갈갈하여 채소를 먼저 다져주었어요. 물을 조금 넣으면 갈갈이 잘 되지 않아요. 채소를 미리 조금만 갈갈해 놓고 이어서 다짐육, 불린 흑미와 쌀, 물을 넣어 이유식 모드를 실행하니 더 이상 추가 믹서 기능 갈갈할 필요 없이 한 번에 후기 이유식이 완성됐어요. 이렇게 만드니 이전보다 쌀알이나 질감이 더욱 살아있어요.

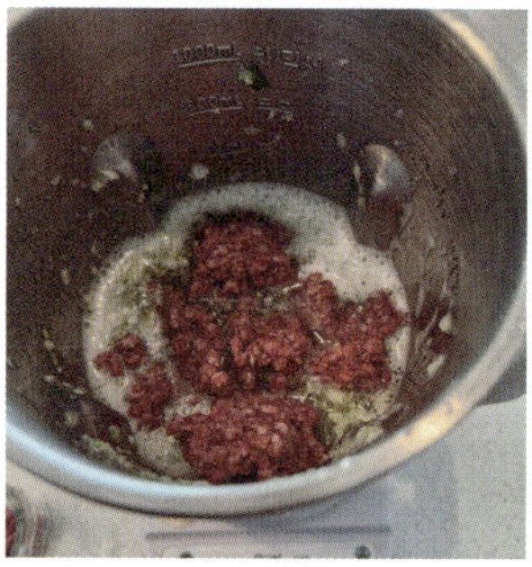

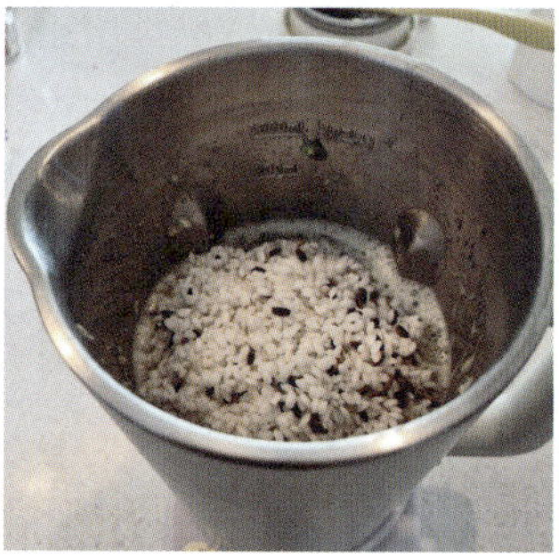

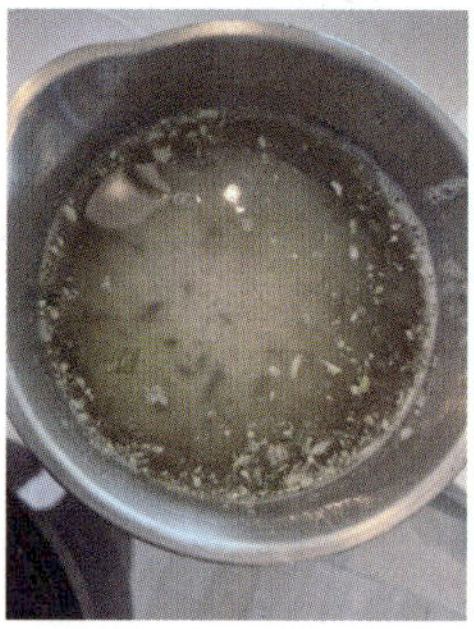

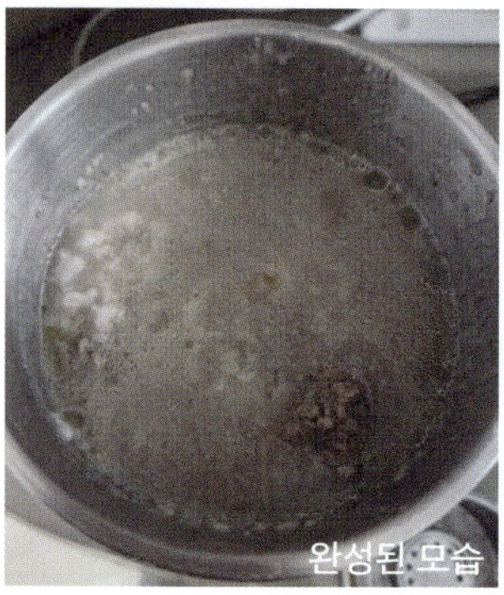

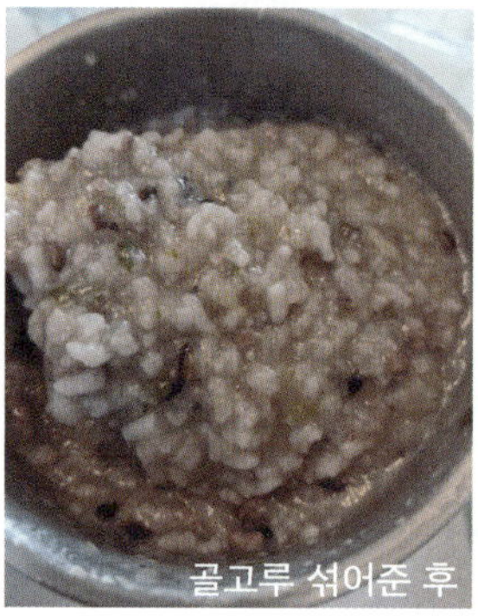

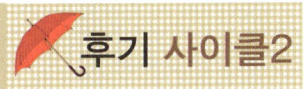

## NEW 완두콩, 대파

**전자레인지 이유식 찜기 3가지 메뉴 3끼 총 9끼 만들기** 소고기표고죽, 닭고기현미**완두콩**죽, 닭고기쪽파수수비트죽

### 재료 및 완성된 양

- 후기이유식 한 끼니당
  쌀 30~40g, 고기 15~20g, 채소 30~40g, 3배죽 기준
→ 한 칸(3끼니) 기준으로
  쌀 90~120g, 고기 45~60g, 채소 90~120g, 물 270~300g

### 만드는 방법

- 각 칸에 재료와 물을 함께 넣고 전자레인지 30분 조리

- 중기이유식에서 시도하지 못했던 완두콩을 시도해 보았어요. 이전보다 양을 조금 더 많이 만들기 위해 쌀양을 330g으로 늘렸어요. 30분 불리니 430g이 되었어요. 각 칸에 불린 쌀 140g씩 넣고 손질채소 1팩씩, 다짐육 50~60g, 비트/완두콩 큐브 30g, 현미/수수가루 조금 넣은 후 물 280g 정도 붓고 전자레인지 30분 조리했어요. 각 재료를 넣을 때 잘 풀어주어야 뭉치지 않고 고루 잘 익어요. 각 칸당 180g씩 3회분 나왔어요.
- 완성된 모습을 보니 각 재료에 따라 색깔도 조금씩 다르고 냄새와 맛도 달라요.
- 냉장 보관하며 건조해져서 아기에게 먹이기 전에 물 조금 붓고 전자레인지 데웠어요.

## 후기 사이클3

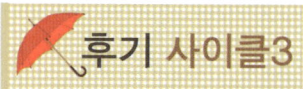

# NEW 아스파라거스, 숙주나물

**두유제조기 1가지 메뉴 6끼 만들기** 소고기양배추숙주나물죽

### 재료

- 쌀 160g
- 소고기 다짐육 100g
- 현미가루 10g
- 양배추 75g
- 숙주나물 85g
- 물 600g

### 실행모드

- 이유식 모드

### 완성된 양

- 160g씩 6회분

### 만드는 방법

- 두유제조기에 재료와 물을 함께 넣고 이유식 모드 실행

채소만 먼저 갈갈
완성된 모습
골고루 섞어준 후

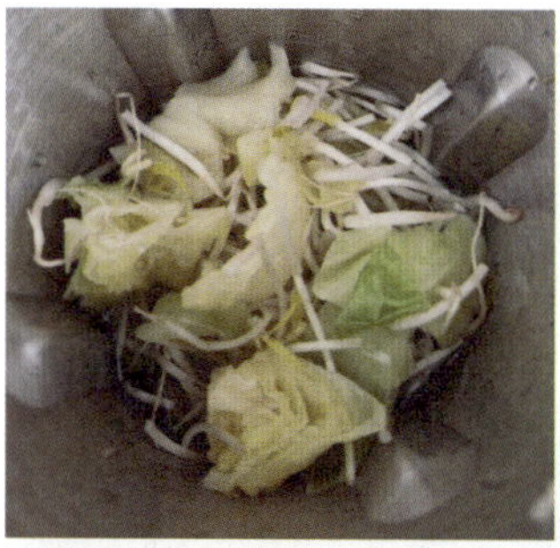

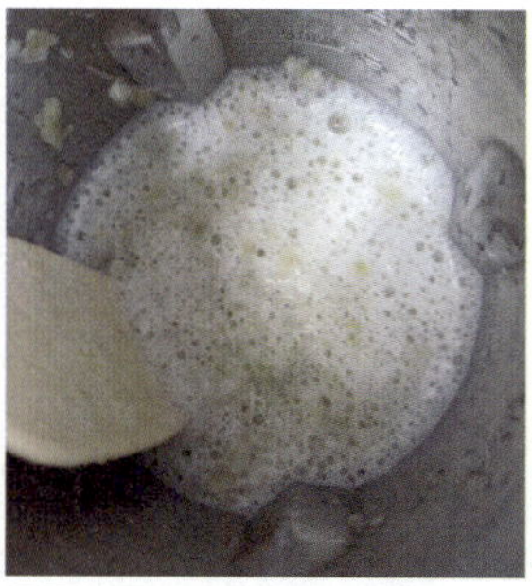

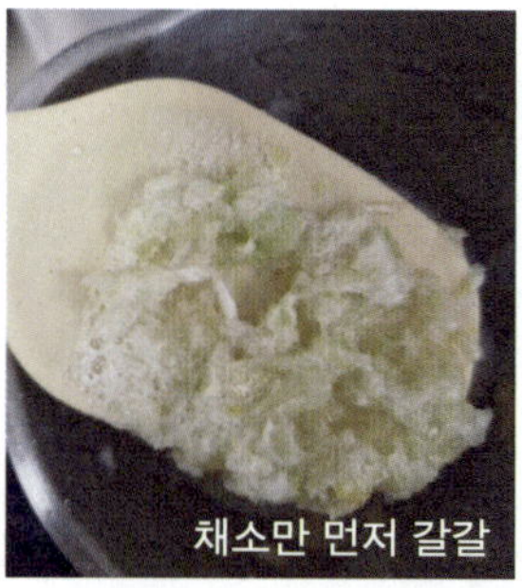

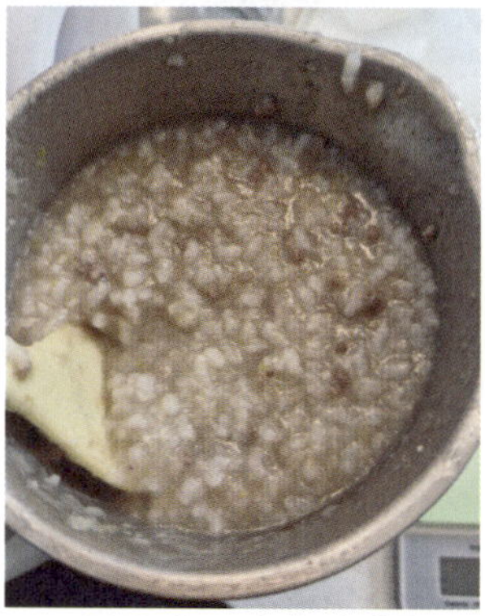

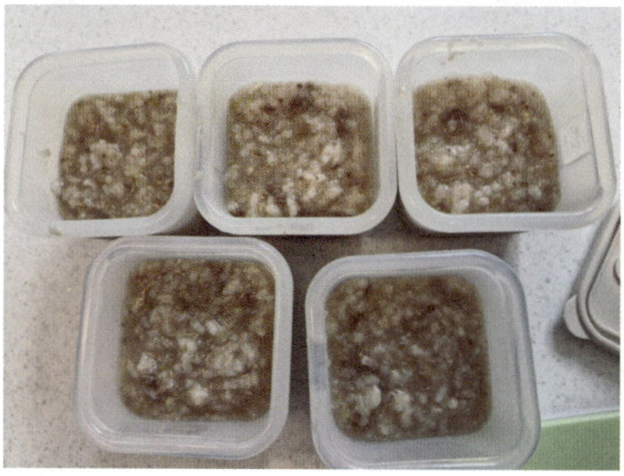

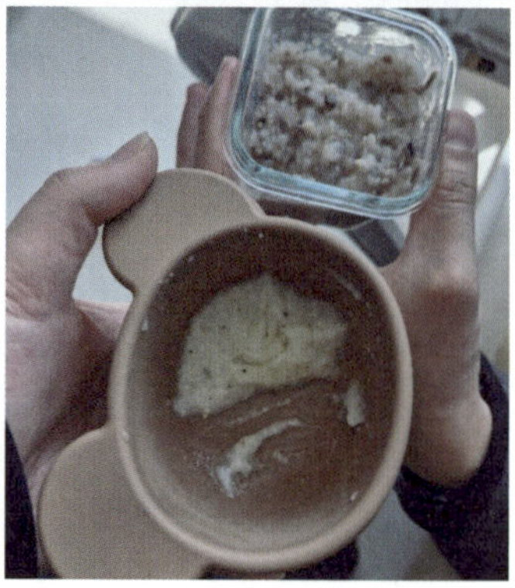

- 두유제조기에 양배추, 숙주나물 총 160g 듬성 썰어 넣고 물 240ml 정도 넣은 후 믹서 기능 짧게 3초 정도 갈갈해 주고 이어서 다짐육 100g, 쌀 160g, 현미가루 10g 넣고 이유식 모드 실행했어요. 숙주나물이 잘 보이진 않지만 향이 좋아요. 좀 되직한 것 같아서 끓인 물 넣고 죽을 촉촉하게 만들어주었더니 175g씩 6회분 나왔어요. 하나는 바로 토실이 먹였어요. 찰옥수수 시판 큐브 토핑과 함께 주었는데 고소한지 잘 먹네요.

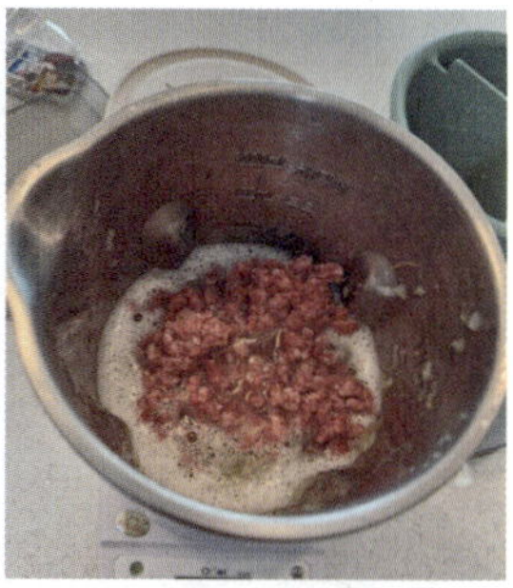

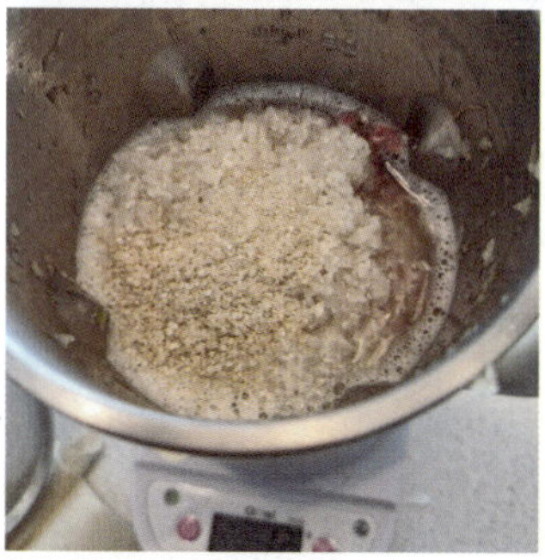

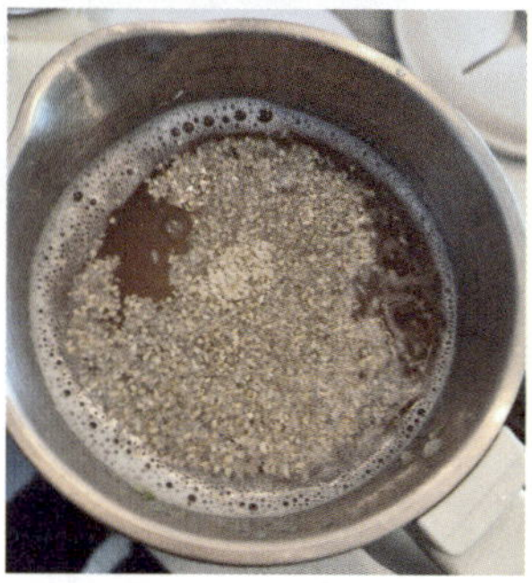

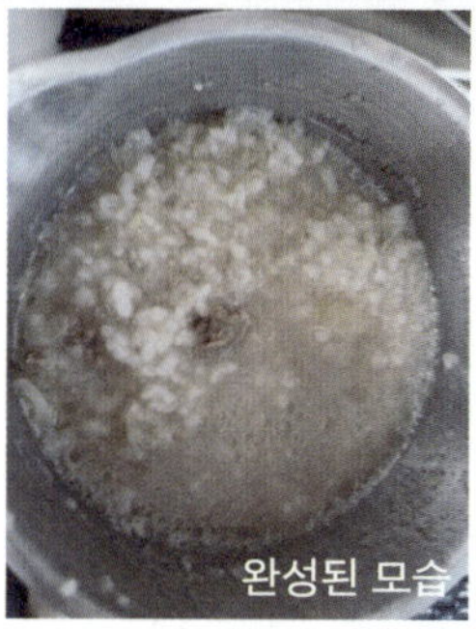

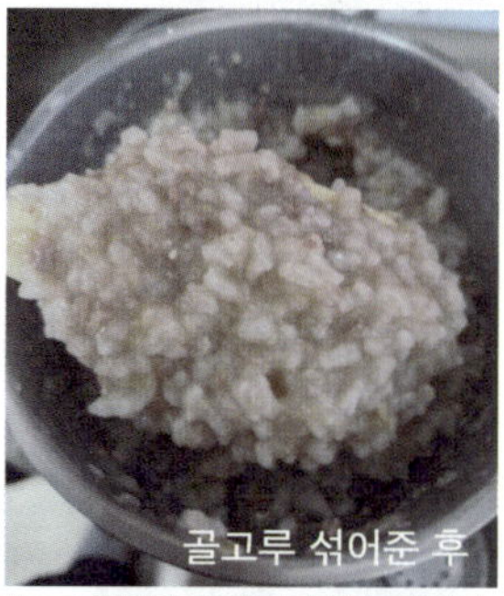

## NEW 아스파라거스, 숙주나물

**전자레인지 이유식 찜기 3가지 메뉴 3끼 총 9끼 만들기** 소고기애호박죽, 닭고기아스파라거스죽, 닭고기새송이죽

### 재료 및 완성된 양

- 후기이유식 한 끼니당
  쌀 30~40g, 고기 15~20g, 채소 30~40g, 3배죽 기준
  → 한 칸(3끼니) 기준으로
  쌀 90~120g, 고기 45~60g, 채소 90~120g, 물 270~300g

### 만드는 방법

- 각 칸에 재료와 물을 함께 넣고 전자레인지 30분 조리

- 쌀 330g, 흑미 20g 물에 불려놓고 채소, 다짐육 물에 담가두었어요. 아스파라거스, 새송이버섯 시판 큐브까지 넣은 후 전자레인지 30분 조리했어요. 각 칸당 180g씩 3회분 나왔어요.

후기 사이클4

# NEW 느타리버섯, 콜리플라워

## 두유제조기 1가지 메뉴 6끼 만들기 닭고기부추느타리버섯죽

### 재료

- 쌀 160g
- 닭고기 다짐육 100g
- 두부 100g
- 느타리버섯 67g
- 부추 33g
- 물 600g

### 실행모드

- 이유식 모드

### 완성된 양

- 160g씩 6회분

### 만드는 방법

- 두유제조기에 재료와 물을 함께 넣고 이유식 모드 실행

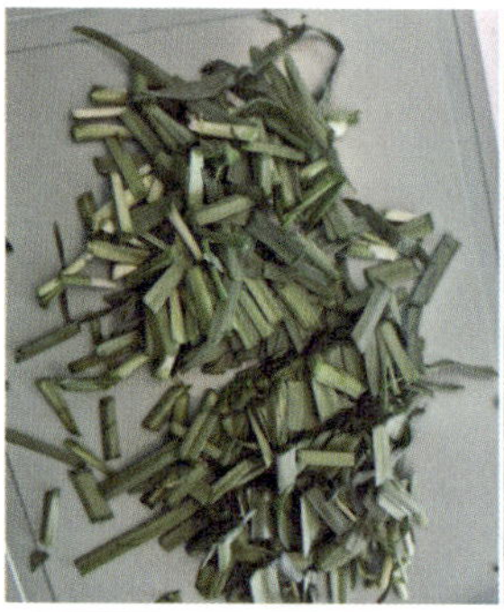
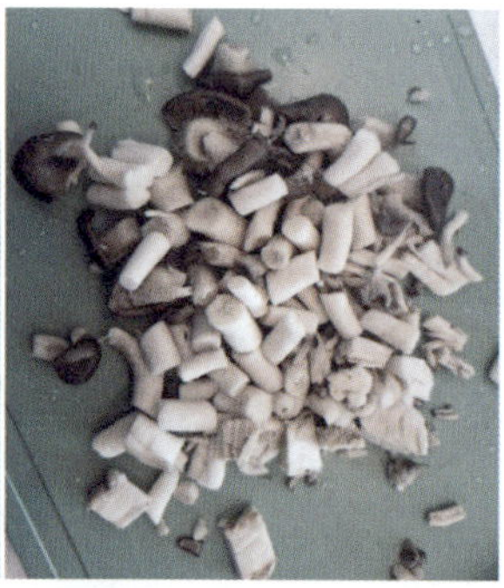
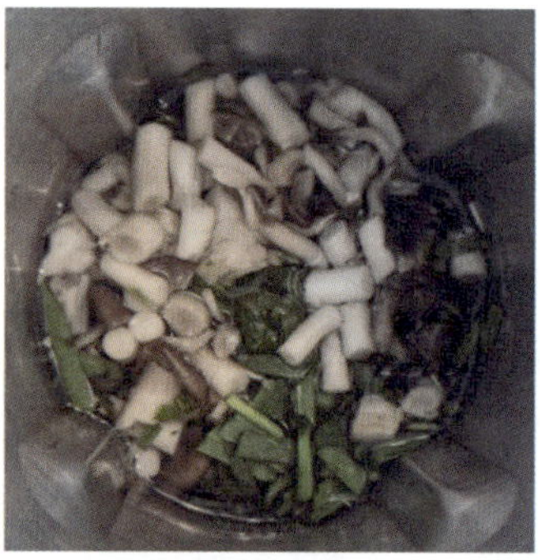
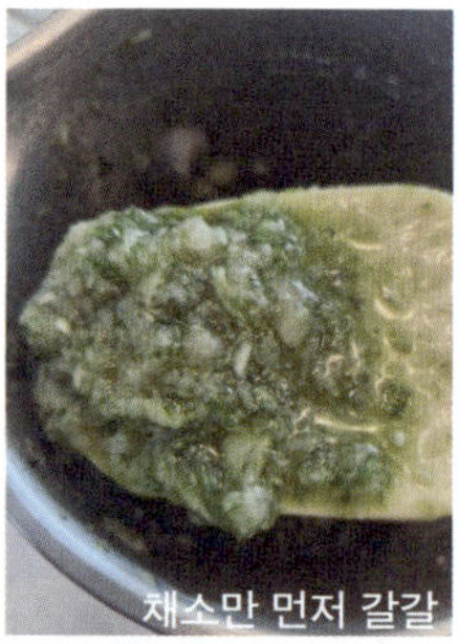

채소만 먼저 갈갈

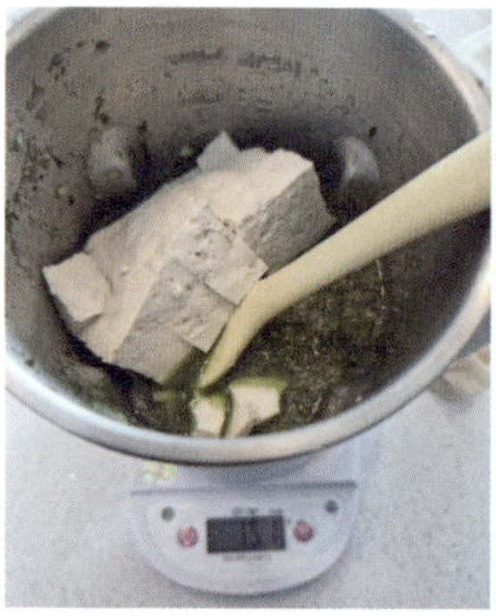
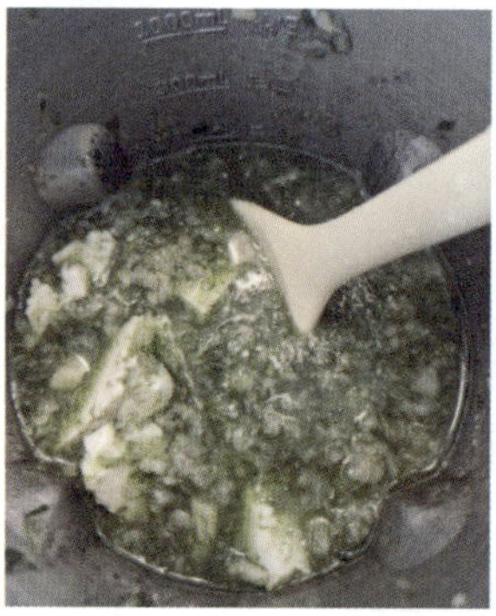
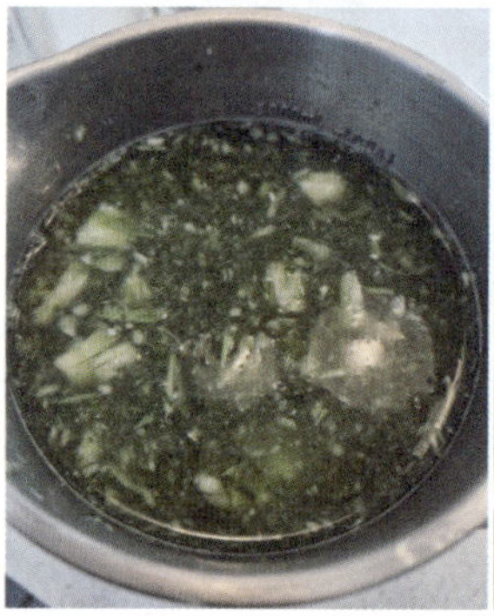
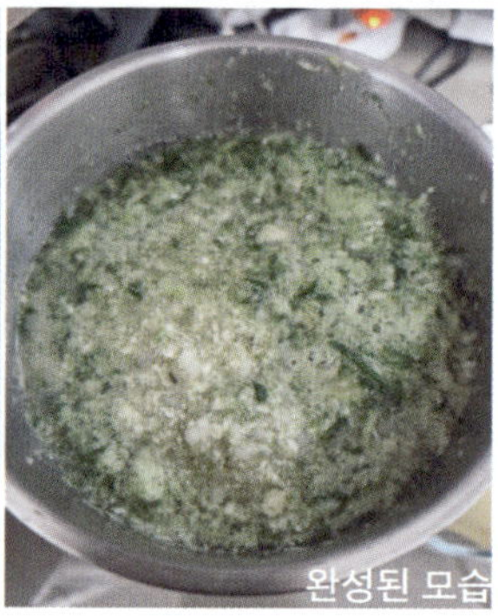

완성된 모습

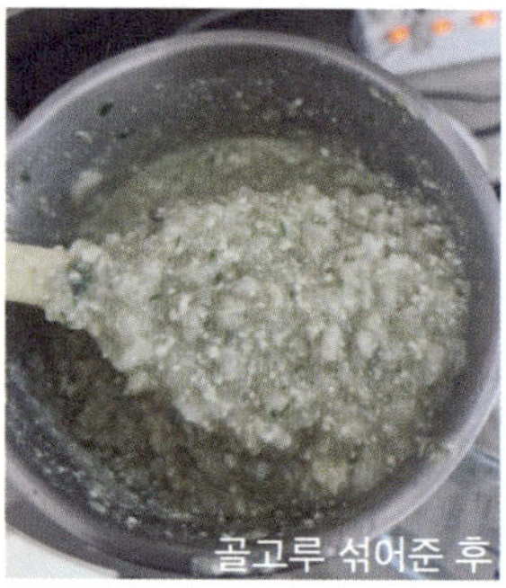

골고루 섞어준 후

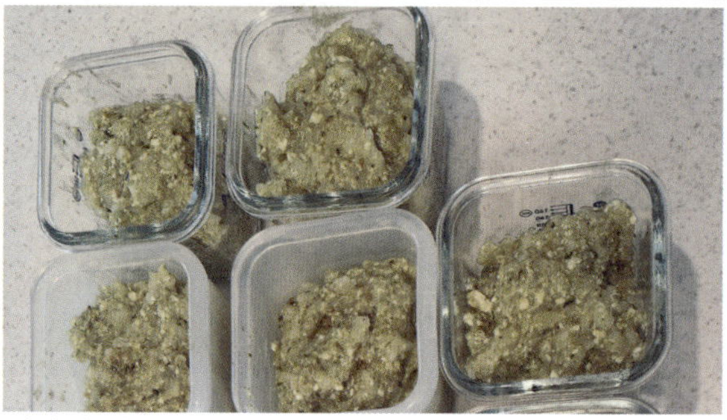

- 부추와 느타리버섯을 듬성하게 썰어 물 240ml와 함께 두유제조기에 넣고 먼저 6초 정도 믹서 기능 갈갈했어요. 조금 오래 했더니 너무 많이 갈갈되었네요. 짧게 할 걸 그랬어요.
- 부추는 소고기와 궁합이 좋지 않으므로 닭가슴살 다짐육 100g과 두부 100g, 쌀 160g, 물은 총 600g 정도 넣어 최대 1,000ml선을 넘지 않도록 하여 이유식 모드 실행했어요. 완성된 죽의 부추 향이 좋네요.

# NEW 느타리버섯, 콜리플라워

**전자레인지 이유식 찜기 3가지 메뉴 3끼 총 9끼 만들기** 소고기느타리두부죽, 소고기채소죽, 소고기콜리플라워죽

### 재료 및 완성된 양

- 후기이유식 한 끼니당
  쌀 30~40g, 고기 15~20g, 채소 30~40g, 3배죽 기준
  → 한 칸(3끼니) 기준으로
  쌀 90~120g, 고기 45~60g, 채소 90~120g, 물 270~300g

### 만드는 방법

- 각 칸에 재료와 물을 함께 넣고 전자레인지 30분 조리

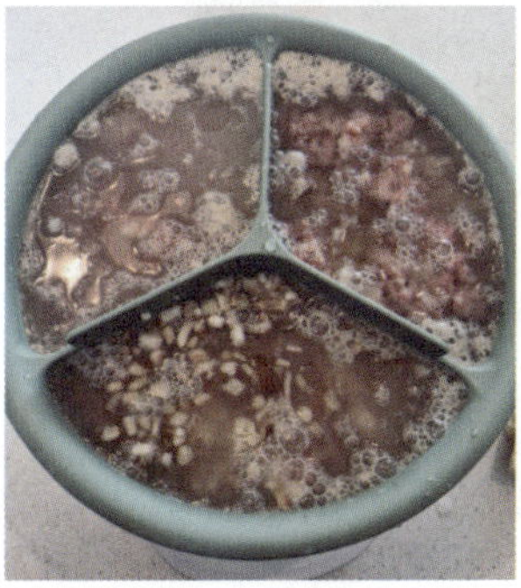

- 각 칸에 손질해 둔 버섯과 채소, 두부, 콜리플라워 시판 큐브를 넣고 소고기 다짐육 위에 오트밀가루 1스푼씩 넣었어요. 두부는 한 칸당 100g씩 넣고 손으로 으깨주었고 소고기 다짐육은 60g씩 넣어 풀어주었어요.
- 전자레인지 30분 조리 후 완성, 골고루 섞어 소분하여 각 칸당 180g씩 3회분 나왔어요.
- 두부 한 모로 여러 버전의 소고기죽, 닭고기죽이 완성되었어요.

# NEW 콩나물

**두유제조기 1가지 메뉴 6끼 만들기** 소고기**콩나물**죽

### 재료
- 쌀 160g
- 오트밀가루 5g(1숟가락)
- 소고기 다짐육 100g
- 양배추 74g
- 콩나물 75g
- 양파 20g
- 물 600g

### 실행모드
- 이유식 모드

### 완성된 양
- 160g씩 6회분

### 만드는 방법
- 두유제조기에 재료와 물을 함께 넣고 이유식 모드 실행

채소만 먼저 갈갈

완성된 모습

골고루 섞어준 후

- 양배추 74g, 국내산 무농약 콩나물 75g, 양파 20g에 물 360ml를 두유제조기에 넣고 먼저 짧게 2초 정도 믹서 기능 갈갈했어요. 콩나물은 중기이유식까지는 콩대가리를 떼고 먹인다고 하는데 후기이유식이고 아기가 소화도 잘 시킬 수 있을 것 같아 그대로 다 넣었어요. 물은 채소가 어느 정도 잠길 만큼 넣어주어야 믹서 기능이 돌아가요.
- 적당히 갈갈되어 콩나물 대가리도 적당히 분쇄되었어요. 이어서 소고기 다짐육 100g, 쌀 160g, 오트밀가루 1숟가락 넣어주고 물양이 총 약 600g 정도 되도록 1,000ml 선 아래까지 넣어준 후 뚜껑 닫고 이유식 모드 실행했어요. 콩대가리도 아기가 먹을 수 있게 적당히 분쇄되어 후기이유식이 완성됐어요. 아기가 10개월이 되니 이도 얼마 없는데 잇몸으로 씹어먹기도 하네요. 뜨거운 물을 좀 부어 죽을 촉촉하게 만들어주어 175g씩 6회분 나왔어요.

# 후기 사이클5
# NEW 콩나물

**전자레인지 이유식 찜기 3가지 메뉴 3끼 총 9끼 만들기** 소고기가지죽, 닭고기채소죽, 닭고기우엉죽

### 재료 및 완성된 양

- 후기이유식 한 끼니당
  쌀 30~40g, 고기 15~20g, 채소 30~40g, 3배죽 기준
→ 한 칸(3끼니) 기준으로
  쌀 90~120g, 고기 45~60g, 채소 90~120g, 물 270~300g

### 만드는 방법

- 각 칸에 재료와 물을 함께 넣고 전자레인지 30분 조리

완성된 모습

- 이번에는 어른이 먹는 혼합잡곡을 꽤 많이 넣어보았어요. 보리, 귀리(오트), 현미, 찹쌀, 흑미, 홍미, 녹미, 약콩, 검정콩, 백태가 들어있는 유기농 혼합잡곡이에요. 쌀 270g+혼합잡곡 60g 물에 불려놓았어요.
- 먹어보지 않은 보리, 찹쌀, 홍미, 녹미가 들어있고 이전에 알러지 반응이 있었던 검정콩을 포함해 약콩, 백태와 같은 콩류가 들어있어요. 이제 돌이 가까워졌으니 먹어도 괜찮을 것 같아 쌀과 함께 1시간 정도 미리 불려두었어요. 결국에는 어른과 함께 밥을 먹게 될 테니 엄마아빠가 먹는 잡곡밥을 먹여보려고요.
- 불려놓은 잡곡과 다짐육, 손질채소, 우엉, 가지 시판 큐브 넣어주고 마지막에 부추도 넣어주었어요. 요리하고 남은 부추 쫑쫑 썰어 넣어 냉털했어요.
- 부추가 들어가서 형형색색 화려하고 예쁘네요. 한 칸당 180g씩 3회분 나왔어요.
- 다행히 토실이가 잡곡 알러지 없이 맛있게 잘 먹어주었어요. 다만, 한 번에 여러 종류의 혼합잡곡을 많이 넣은 것 같아요. 보통 2~3가지의 잡곡을 섞는데 그 이상의 혼합잡곡일 경우 소량씩 넣는 것이 좋다고 해요. 아무래도 소화가 어려울 수 있을 테니 그 영향인지 몰라도 응가 냄새도 약간 시큼한 냄새가 나는 듯했어요. 어디 아프거나 한 것은 아니지만 혼합잡곡을 많이 넣어서 평소보다 소화가 조금 부담이 되는가 싶어요. 다음에는 혼합잡곡의 양을 줄여 넣는 게 좋겠어요.

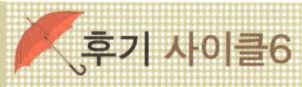
## NEW 대게살

**두유제조기 1가지 메뉴 6끼 만들기** — 대게살죽

**재료**
- 쌀 160g
- 오트밀가루 5g(1숟가락)
- 붉은대게살 60g
- 양배추 60g
- 브로콜리 50g
- 양송이버섯 50g
- 물 600g

**실행모드**
- 건강죽 모드

**완성된 양**
- 180g씩 5회분

**만드는 방법**
- 두유제조기에 재료와 물을 함께 넣고 건강죽 모드 실행

채소만 먼저 갈갈

완성된 모습    골고루 섞어준 후

- 양배추, 양송이버섯, 브로콜리 합해서 160g 손질하여 물 360ml와 함께 두유제조기에 넣고 먼저 2초간 믹서 기능 갈갈했어요. 붉은대게살 큐브 60g, 쌀 160g, 오트밀가루 1숟가락 넣은 후 물 마저 1,000ml선에 맞춰 채우고 뚜껑 닫아 건강죽 모드 실행했어요. 갈갈 필요한 재료가 없으니 건강죽 모드로 실행해 보았어요.
- max선까지 채웠더니 건강죽 모드 실행 중 물이 보글보글 위로 올라왔어요. 다행히 밖에 까지 흘러 내려오지는 않았지만 아슬했어요.
- 완성된 양이 약간 부족하고 애매하여 180g씩 5회분으로 소분했어요. 대게살과 브로콜리의 조합이 좋았어요. 알러지 반응 없었어요.

## NEW 대게살

**전자레인지 이유식 찜기 3가지 메뉴 3끼 총 9끼 만들기** 소고기채소죽, 닭고기채소죽, 닭고기버섯죽

### 재료 및 완성된 양

- 후기이유식 한 끼니당
  쌀 30~40g, 고기 15~20g, 채소 30~40g, 3배죽 기준
  → 한 칸(3끼니) 기준으로
  쌀 90~120g, 고기 45~60g, 채소 90~120g, 물 270~300g

### 만드는 방법

- 각 칸에 재료와 물을 함께 넣고 전자레인지 30분 조리

완성된 모습

- 혼합잡곡 양을 줄였어요. 쌀 310g+혼합잡곡 20g 물에 불려놓고, 나머지 채소와 다짐육들은 하루 전 냉장실로 올려 자연해동 해두었어요.
- 전자레인지 30분 조리하여 닭고기 2 메뉴, 소고기 1 메뉴 180g씩 총 9회분 나왔어요.
- 닭고기죽에 아기치즈를 얹어 리조또처럼 만들어주면 크리미하고 고소해서 잘 먹어요.
- 에그스크럼블 만들어 죽과 함께 주어도 잘 먹어요.

아기치즈 리조또 닭고기죽

에그스크럼블

# NEW 돼지고기

**두유제조기 1가지 메뉴 6끼 만들기** — 돼지고기죽

### 재료
- 쌀 160g
- 오트밀가루 5g(1숟가락)
- 돼지고기 다짐육 100g
- 대파 40g
- 무 100g
- 물 600g

### 실행모드
- 건강죽 모드

### 완성된 양
- 180g씩 5회분

### 만드는 방법
- 두유제조기에 재료와 물을 함께 넣고 건강죽 모드 실행

채소, 고기만 먼저 갈갈

완성된 모습

골고루 섞어준 후

- 무항생제 앞다리살 다짐육을 오아시스마켓에서 구매했어요. 기름기가 적고 부드러운 안심, 등심, 앞다리살 부위 중 가격이 비싸지 않은 앞다리살로 선택했어요. 돼지고기 첫 시도이니 더 잘게 먹여보기 위해 돼지고기 다짐육 100g과 대파 40g을 먼저 넣고 믹서 기능 갈갈해 주었어요. 순간 놓쳐서 많이 갈아버렸어요.
- 무 100g, 쌀 160g, 오트밀가루 1숟가락, 물 600g 정도 넣고 건강죽 모드 실행했어요.
- 완성된 돼지고기죽을 보니 간장 제육 향이 살짝 나요. 신기하네요. 토실이가 잘 먹기는 하지만 소고기죽, 닭고기죽보다는 반응이 별로였어요. 역시 돼지고기는 볶음 요리가 더 맛있는 걸까 싶어요.

# NEW 돼지고기

**전자레인지 이유식 찜기 3가지 메뉴 3끼 총 9끼 만들기** 소고기완두콩죽, 소고기아스파라거스죽, 소고기콜리플라워죽

### 재료 및 완성된 양

- 후기이유식 한 끼니당
  쌀 30~40g, 고기 15~20g, 채소 30~40g, 3배죽 기준
- → 한 칸(3끼니) 기준으로
  쌀 90~120g, 고기 45~60g, 채소 90~120g, 물 270~300g

### 만드는 방법

- 각 칸에 재료와 물을 함께 넣고 전자레인지 30분 조리

- 쌀 330g을 불려서 한 칸에 110g(불린 쌀 140g), 소고기 다짐육 60g, 손질채소 1팩씩(100g), 완두콩, 아스파라거스, 콜리플라워 큐브 30g, 무 채수 270g 넣었어요. 무 큐브 만들기 테스트하며 만든 채수 사용했어요.
- 전자레인지 35분 조리하여 더 푹 익혀봤어요. 무 채수를 넣어서 맛과 향이 더 좋네요. 완두콩 큐브 넣은 죽은 부드럽고 고소해요. 175g씩 9회분 나왔어요. 요즘 먹일 때는 물을 조금만 추가하여 되직하게 먹여요. 덜 흘리고 잘 먹어요. 소고기도 잘 씹어먹어요.
- 여기까지 해서 후기이유식에서 먹어볼 새로운 재료들은 모두 시도해 본 것 같아요. 알러지 반응 없이 잘 지나갔어요.

**Tip | 후기이유식 죽을 활용해 밥전, 밥머핀 만들기 (자기주도 이유식 시도해 보기)**

- 후기이유식 죽과 계란만 있으면 쉽게 만들 수 있는 아기들 치트키 밥전과 밥머핀, 죽을 거부하거나 밥태기가 온 아기에게 좋아요. 자기주도 연습하기에도 좋답니다.

밥전

밥머핀

- 후기이유식 죽 180g, 계란 1개, 쌀가루 1숟가락 넣고 잘 섞어준 후,
- 후라이펜에 기름 없이 얇게 구워냈어요. 기름 조금 둘러도 됩니다.
- 고소하고 맛있어서 토실이가 아주 잘 먹었어요. 자기주도 시도했더니 많이 흘리지만 완밥했어요.

- 후기이유식 죽 180g, 계란 1개 잘 섞어준 후, 실리콘 머핀틀에 2/3정도 채워 전자레인지 3분 + 에어프라이어 200도 5분 구워주었습니다. 충분히 식힌 후 아기가 먹기 좋게 잘라주었어요. 역시 맛있는지 토실이가 완밥했어요!

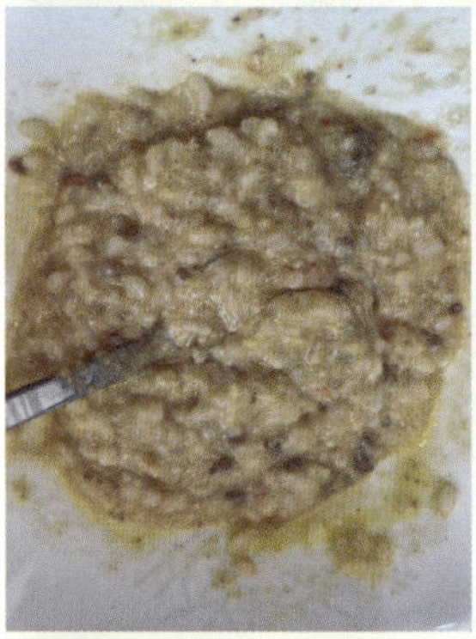

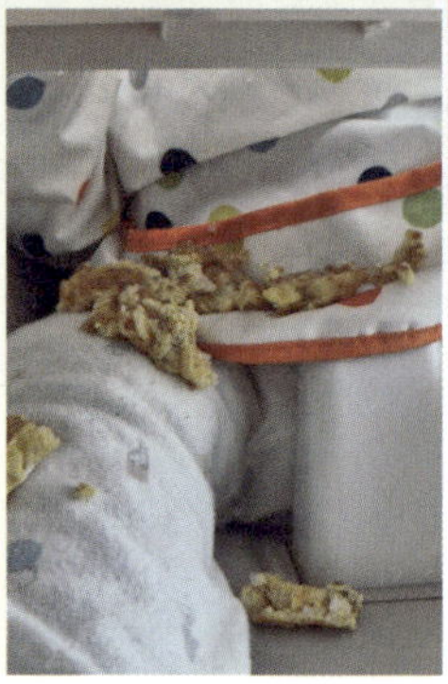

# 5장. 부록

"아기는 이유식을 먹기 시작하며 여러 가지 변화를 겪어요. 양치질을 시작하고 응가와 피부에도 변화가 찾아온답니다. 토실이의 경험담을 소개할게요."

## 토실이의 양치질 시작 이야기

토실이는 7개월 236일에 첫 아랫니가 나왔어요. 첫 니가 나기 전까지는 이유식을 먹여도 치약, 칫솔을 사용해 양치질을 따로 하지 않았어요. 거즈손수건을 따듯하게 적셔 입 안을 닦아주는 정도만 해주었어요. 첫 니가 위로 제법 올라오고 이유식 2끼를 먹으면서 261일에 아기치약, 칫솔을 사용해 양치질을 시작했습니다.

불소, 무불소 아기치약은 양육자의 선택이지만 저는 양치질의 목적이 충치 예방이라고 생각하기 때문에 1,000ppm 불소 아기치약을 사용했어요. 대신 용법을 지켜 쌀알만큼만 사용했어요. 아기는 뱉을 줄 모르기 때문에 치약을 삼켜요. 그래서 쌀알만큼 소량 사용이 중요해요. 칫솔은 실리콘 손가락 칫솔로 시작했습니다. 자세한 이야기는 QR코드를 통해 확인할 수 있습니다.

## 이유식을 먹기 시작하니 응가가 달라졌어요

분유/모유 외에 새로운 음식물을 섭취하며 아기의 응가에도 변화가 찾아옵니다. 토실이는 매 단계로 점프할 때 그 변화가 컸어요. 처음 이유식 시작하고서, 하루 2끼, 3끼로 늘어나면서요. 우선 냄새가 바뀌기 시작했고요^^ 설사는 아니지만 묽은 변을 보기도 했습니다. 쳐지지 않고 잘 논다면 아픈 건 아닐 거에요. 가장 변화가 심했을 때는 하루 3끼로 늘어나면서에요. 첫 2~3주간은 하루에 응가를 5~6번 하며 묽거나 되직한 변을 보기도 했어요. 당근이나 흑미같은 녀석들은 그대로 나오기도 하고요. 자연스러운 현상이라고 해요. 한 달 정도 지나니 하루 3~4번, 고형화된 변으로 점차 안정되었어요. 아기의 소화기관도 점차 발달하는 것이 느껴졌습니다. 분유만 먹을 때에는 녹변을 보던 아기였는데 이유식을 먹으며 황금색 변을 보기 시작한 점은 좋았어요.

## 입가에 피부가 울긋불긋 올라와요

음식물을 흘리고 피부에 닿다 보면 피부가 약한 아기들의 입가 피부는 울긋불긋 올라오기 쉬워요. 토실이의 경우 알러지 반응은 모기에 물린 것처럼 붓듯이 올라왔고 음식물이 닿아서 일어나는 피부 트러블은 울긋불긋 빨갛게 오돌토돌 올라왔어요. 제가 가장 효과를 본 해결 방법은 물티슈, 손수건 사용을 하지 않고 먹고 나서 물로 입가를 닦아주는 것이었어요. 안 그래도 음식물 접촉으로 예민해진 입가 피부에 물티슈, 손수건이 닿으면 더 안 좋아졌어요. 물티슈 사용을 해야 한다면 톡톡해주는 정도로만 하고 물로 입가를 닦아낸 후 보습 크림을 발라주었습니다. 자극을 최소화하고 청결과 보습에 신경 써주시면 좋아요.

#빨간우산 #두유제조기 #초기이유식 #식단표 #하루1끼 #174일시작 #6개월

| D+ | 날짜 | Base | 고기 | 채소 | New | 먹은양/특이사항 |
|---|---|---|---|---|---|---|
| 174 | 3/1 | 쌀 | | | 쌀 | |
| 175 | | 쌀 | | | | |
| 176 | | 쌀 | | | | |
| 177 | | 쌀+오트밀 | | | 오트밀 | |
| 178 | | 쌀+오트밀 | | | | |
| 179 | | 쌀+오트밀 | | | | |
| 180 | | 쌀+오트밀 | 소고기 | | 소고기 | |
| 181 | | 쌀+오트밀 | 소고기 | | | |
| 182 | | 쌀+오트밀 | 소고기 | | | |
| 183 | | 쌀+오트밀 | 소고기 | 애호박 | 애호박 | |
| 184 | | 쌀+오트밀 | 소고기 | 애호박 | | |
| 185 | | 쌀+오트밀 | 소고기 | 애호박 | | |
| 186 | | 쌀+오트밀 | 소고기 | 애호박+청경채 | 청경채 | |
| 187 | | 쌀+오트밀 | 소고기 | 애호박+청경채 | | |
| 188 | | 쌀+오트밀 | 소고기 | 애호박+청경채 | | |
| 189 | | 쌀+오트밀 | 소고기 | 청경채+양배추 | 양배추 | |
| 190 | | 쌀+오트밀 | 소고기 | 청경채+양배추 | | |
| 191 | | 쌀+오트밀 | 소고기 | 청경채+양배추 | | |
| 192 | | 쌀+오트밀 | 소고기 | 양배추+브로콜리 | 브로콜리 | |
| 193 | | 쌀+오트밀 | 소고기 | 양배추+브로콜리 | | |
| 194 | | 쌀+오트밀 | 소고기 | 양배추+브로콜리 | | |
| 195 | | 쌀+오트밀 | 소고기 | 브로콜리+단호박 | 단호박 | |
| 196 | | 쌀+오트밀 | 소고기 | 브로콜리+단호박 | | |
| 197 | | 쌀+오트밀 | 소고기 | 브로콜리+단호박 | | |
| 198 | | 쌀+오트밀 | 소고기 | 단호박+감자 | 감자 | |
| 199 | | 쌀+오트밀 | 소고기 | 단호박+감자 | | |
| 200 | | 쌀+오트밀 | 소고기 | 단호박+감자 | | |
| 201 | | 쌀+오트밀 | 소고기 | 감자+당근 | 당근 | |
| 202 | | 쌀+오트밀 | 소고기 | 감자+당근 | | |
| 203 | | 쌀+오트밀 | 소고기 | 감자+당근 | | 계란 노른자 테스트 |
| 204 | | 쌀+오트밀 | 소고기 | 당근+양파 | 양파 | |
| 205 | | 쌀+오트밀 | 소고기 | 당근+양파 | | |
| 206 | | 쌀+오트밀 | 소고기 | 당근+양파 | | |
| 207 | | 쌀+오트밀 | 소고기 | 양파+무 | 무 | 중기이유식과의 연결 |
| 208 | | 쌀+오트밀 | 소고기 | 양파+무 | | |
| 209 | | 쌀+오트밀 | 소고기 | 양파+무 | | |

#빨간우산 #두유제조기 #중기이유식 #식단표 #하루2끼 #6끼슬라이딩 #7개월 #8개월

| D+ | 날짜 | 구분 | 고기 | 채소 | New | 먹은양/특이사항 |
|---|---|---|---|---|---|---|
| 210 | 4/6 | 오전 | 소고기 | 애호박양파배추 | 배추 | |
| | ~8 | 오후 | 소고기 | 양파무 | 무 | 초기이유식 마지막과 연결 |
| 213 | 4/9 | 오전 | 닭고기 | 당근브로콜리 | 닭고기 | |
| | ~11 | 오후 | | | 배추 | |
| 216 | | 오전 | 소고기 | 단호박양파검은콩 | 검은콩 | |
| | | 오후 | | | 닭고기 | |
| 219 | | 오전 | 닭고기 | 양파배추시금치 | 시금치 | |
| | | 오후 | | | 검은콩 | |
| 222 | | 오전 | 소고기 | 양파당근단호박현미 | 현미 | |
| | | 오후 | | | 시금치 | |
| 225 | | 오전 | 소고기 | 양파감자새송이 | 새송이버섯 | |
| | | 오후 | | | 현미 | |
| 228 | | 오전 | 닭고기 | 양파단호박수수 | 수수 | |
| | | 오후 | | | 새송이버섯 | |
| 231 | | 오전 | 생선 | 양파단호박새송이시금치 | 대구살 | |
| | | 오후 | | | 수수 | |
| 234 | | 오전 | 닭고기 | 수수양파부추 | 부추 | |
| | | 오후 | | | 대구살 | |
| 237 | | 오전 | 소고기 | 양파새송이미역 | 미역 | |
| | | 오후 | | | 부추 | |
| 240 | | 오전 | 소고기 | 양파단호박현미적채 | 적채 | |
| | | 오후 | | | 미역 | |
| 243 | | 오전 | 닭고기 | 양파시금치새송이수수연근 | 연근 | |
| | | 오후 | | | 적채 | |
| 246 | | 오전 | 소고기 | 양파새송이수수가지 | 가지 | |
| | | 오후 | | | 연근 | |
| 249 | | 오전 | 생선 | 양파시금치새송이현미 | 가자미살 | |
| | | 오후 | | | 가지 | |
| 252 | | 오전 | 닭고기 | 양파적채현미우엉 | 우엉 | |
| | | 오후 | | | 가자미살 | |
| 255 | | 오전 | 생선 | 양파양배추부추현미 | 동태살 | |
| | | 오후 | | | 우엉 | |
| 258 | | 오전 | 소고기 | 단호박양배추현미비트 | 비트 | |
| | | 오후 | | | 동태살 | |
| 261 | | 오전 | 소고기 | 배추파프리카 | 파프리카 | |
| | | 오후 | | | 비트 | |
| 264 | | 오전 | 해산물 | 양배추새우살 | 새우살 | 9개월 이후 권장 |
| | | 오후 | | | 파프리카 | |
| 267 | | 오전 | 닭고기 | 양배추청경채단호박두부 | 두부 | |
| | | 오후 | | | 새우살 | |

#빨간우산 #두유제조기 #후기이유식 #식단표 #하루3끼 #한사이클 #6일치18끼 #9개월부터

| Cycle | D+ | 날짜 | 끼니1 | 끼니2 | 끼니3 | New | 특이사항 |
|---|---|---|---|---|---|---|---|
| 1 | 270 | 6/1 | A(소고기연근표고죽) | 오트밀포리지 | D(닭고기청경채양배추죽) | 표고버섯 | |
| | 271 | 6/2 | A | C | D | | |
| | 272 | 6/3 | A | 오트밀포리지 | D | | |
| | 273 | 6/4 | B(닭고기새송이쪽파죽) | D | C(닭고기표고죽) | 쪽파 | |
| | 274 | 6/5 | B | 오트밀포리지 | D | | |
| | 275 | 6/6 | B | D | C | | |
| 2 | 276 | 6/7 | D(소고기흑미대파죽) | 오트밀포리지 | B(소고기표고버섯죽) | 대파 | |
| | 277 | … | D | C(닭고기수수비트죽) | B | | |
| | 278 | | D | 오트밀포리지 | C | | |
| | 279 | | A(닭고기현미완두콩죽) | D | B | 완두콩 | |
| | 280 | | A | 오트밀포리지 | D | | |
| | 281 | | A | D | C | | |
| 3 | 282 | | D(소고기양배추숙주죽) | 오트밀포리지 | B(소고기애호박죽) | 숙주나물 | |
| | 283 | | D | C(닭고기새송이죽) | B | | |
| | 284 | | D | 오트밀포리지 | C | | |
| | 285 | | A(닭고기아스파라거스죽) | D | B | 아스파라거스 | |
| | 286 | | A | 오트밀포리지 | D | | |
| | 287 | | A | D | C | | |
| 4 | 288 | | A(소고기두부느타리죽) | 오트밀포리지 | D(닭고기느타리부추죽) | 느타리버섯 | |
| | 289 | | A | C | D | | |
| | 290 | | A | 오트밀포리지 | D | | |
| | 291 | | B(닭고기콜리플라워죽) | D | C(소고기채소죽) | 콜리플라워 | |
| | 292 | | B | 오트밀포리지 | D | | |
| | 293 | | B | D | C | | |
| 5 | 294 | | D(소고기콩나물죽) | 오트밀포리지 | B(소고기가지죽) | 콩나물 | |
| | 295 | | D | C(닭고기우엉죽) | B | | |
| | 296 | | D | 오트밀포리지 | C | | |
| | 297 | | A(닭고기채소죽) | D | B | 없음 | |
| | 298 | | A | 오트밀포리지 | D | | |
| | 299 | | A | D | C | | |
| 6 | 300 | | D(대게살브로콜리죽) | 오트밀포리지 | B(닭고기버섯죽) | 대게살 | |
| | 301 | | D | C(소고기채소죽) | B | | |
| | 302 | | D | 오트밀포리지 | C | | |
| | 303 | | A(닭고기채소죽) | D | B | 없음 | |
| | 304 | | A | 오트밀포리지 | D | | |
| | 305 | | A | D | C | | |
| 7 | 306 | | D(돼지고기대파죽) | 오트밀포리지 | B(소고기완두콩죽) | 돼지고기 | |
| | 307 | | D | C(소고기아스파라거스죽) | B | | |
| | 308 | | D | 오트밀포리지 | C | | |
| | 309 | | A(소고기콜리플라워죽) | D | B | 없음 | |
| | 310 | | A | 오트밀포리지 | D | | |
| | 311 | | A | D | C | | |